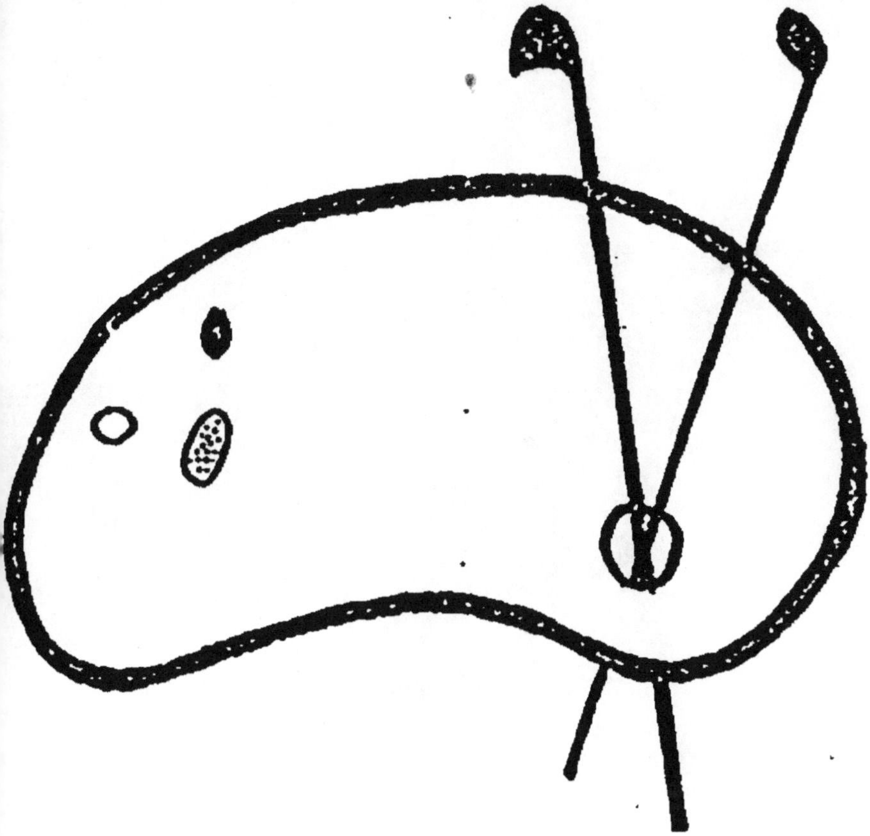

COUVERTURE SUPERIEURE ET INFERIEURE
EN COULEUR

COLLECTION MICHEL LÉVY

LE JOUR
SANS LENDEMAIN

CALMANN LÉVY, ÉDITEUR

OUVRAGES
DE
JULES SANDEAU
DE L'ACADÉMIE FRANÇAISE
Format grand in-18

CATHERINE.	1 vol.	
LE CHATEAU DE MONTSABREY.	1	—
UN DÉBUT DANS LA MAGISTRATURE.	1	—
UN HÉRITAGE.	1	—
JEAN DE THOMMERAY.	1	—
LE JOUR SANS LENDEMAIN.	1	—
MADEMOISELLE DE KÉROUARE.	1	—
LA MAISON DE PENARVAN.	1	—
NOUVELLES.	1	—
OLIVIER.	1	—
SACS ET PARCHEMINS.	1	—

THÉATRE

	F. C.
LA CHASSE AU ROMAN, comédie en trois actes.	1 50
LE GENDRE DE M. POIRIER, comédie en quatre actes.	2 »
JEAN DE THOMMERAY, comédie en cinq actes.	2 »
MADEMOISELLE DE LA SEIGLIÈRE, comédie en quatre actes.	2 »
LA MAISON DE PENARVAN, comédie en quatre actes.	2 »
MARCEL, drame en un acte.	1 50
LA PIERRE DE TOUCHE, comédie en cinq actes.	2 »

Tours. — Ernest Mazereau, imprimeur breveté.

LE JOUR
SANS LENDEMAIN

OLIVIER — HÉLÈNE VAILLANT

PAR

JULES SANDEAU

DE L'ACADÉMIE FRANÇAISE

PARIS

CALMANN LÉVY, ÉDITEUR

ANCIENNE MAISON MICHEL LÉVY FRÈRES

RUE AUBER, 3, ET BOULEVARD DES ITALIENS, 15

A LA LIBRAIRIE NOUVELLE

1877

Droits de reproduction et de traduction réservés

LE JOUR SANS LENDEMAIN.

A Madame C. de Courbonne.

J'ai connu une grand'mère, qui était bien la plus charmante des grand'mères. Au prochain automne, il y aura deux ans qu'elle est morte. Elle est morte dans son fauteuil, sur la terrasse de son château, les mains dans celles de ses petits-enfants, les yeux tournés vers le soleil qui se cachait derrière les coteaux jaunissants. Deux heures avant de s'éteindre, elle parlait encore aux amis qui l'entouraient ; elle les entretenait avec un religieux espoir des promesses d'une autre vie, avec un grand sens des choses de la vie présente. Lorsqu'elle sentit que ses forces l'abandonnaient et que le dernier jour était venu pour elle, elle demeura silencieuse et ne nous adressa plus que quelques pâles sourires. Il vint un instant où elle se tourna doucement vers ses vieux amis, ceux qui n'avaient jamais délaissé sa fortune, et qui, mêlant les branches de leur vie aux rameaux de la sienne, avaient fleuri aux mêmes brises, s'étaient glacés aux mêmes autans. Elle voulut parler ; mais les paroles expirant sur ses lèvres, elle contempla avec attendrissement ces vieux compagnons de son long pèlerinage, et sa main leur envoya le suprême adieu. Elle s'éteignit avec tant de sérénité, que les lugubres images de la mort ne flottèrent pas un instant autour d'elle, son dernier regard put s'arrêter sur des visages calmes, tendres et résignés. Elle n'eut à subir aucune des importunités de la douleur ou de la tendresse : pas un sanglot n'éclata auprès d'elle ; pas une larme ne coula sur ses doigts blancs et desséchés. Les enfants, agenouillés sur la terrasse, ne comprenaient rien à cette scène des adieux éternels, et le plus jeune, grimpé sur l'un des bras du fauteuil, jouait avec les cheveux qui pendaient en boucles argentées le long des joues amaigries de l'aïeule. Nous étions groupés autour de son siége, tous silencieux et recueillis ; on n'entendait que les mélodies du soir, le bruit des feuilles qui tombaient sur le sable de l'allée, l'angelus que le vent apportait de la ville voisine, le bêlement des troupeaux qui rentraient aux étables, et les chants des bouviers, lents et mélancoliques comme tous les chants primitifs. Entre cette soirée d'octobre et la fin de cette existence, entre le ciel gris et doux que le soleil abandonnait et cette figure pâle et sereine d'où la vie allait se retirer, il y avait tant d'harmonie, de rapports et de convenances, que le drame de la terrasse semblait une scène détachée de la nature agonisante, et qu'il était difficile de ne pas en confondre les teintes avec les teintes automnales.

Ainsi mourut cette grand'mère : elle mourut adorée de tous. Comme elle a sa place dans un monde meilleur, ses enfants et ses amis ne l'envient point au ciel ; ils parlent d'elle sans cesse, et le souvenir de l'aïeule est une de leurs religions sur la terre. Elle se mêle encore à tous nos regrets, elle manque à toutes nos joies. Elle était la vie de nos réunions, l'âme de toutes nos fêtes. Elle avait beaucoup vu, beaucoup senti, beaucoup souffert ; à la grâce, à l'esprit, à un grand savoir de toutes choses, elle joignait un trésor inappréciable, qu'elle avait retiré de sa lutte avec la douleur, je veux parler de l'indulgence. Ce mot seul renferme le secret de la vie tout entière Sa jeunesse fut pleine d'agitation ; mais après avoir consumé ses plus belles années à chercher vainement le bonheur dans les régions orageuses, elle le trouva dans les joies de famille qu'elle avait si longtemps méconnues, et ses derniers jours s'écoulèrent au milieu des bourgeoises félicités que la poésie a jusqu'ici trop dédaignées peut-être.

Parmi les jeunes gens qui trouvaient auprès d'elle des enseignements de tout genre, j'étais à coup sûr le plus tendre et le plus assidu. J'avais cru découvrir sous la gaité de son caractère, sous l'égalité de son humeur douce et facile, quelque chose de triste et de souffrant ; il me semblait parfois que toute l'intelligence de son cœur cachait mal un grand fonds de scepticisme et d'amertume. Nous avions le soir, dans l'allée de tilleuls qui bordent le jardin, de longues conversations sur la vie qu'elle achevait et que je commençais à peine. Je partais de la ville à la chute du jour, et je la trouvais ordinairement sur le perron, au milieu de ses filles et de ses petits-fils. Étranger dans le pays, je m'étais fait de cette famille une famille de prédilection. Lorsqu'on s'était vu, qu'on avait causé de choses et d'autres, qu'on avait bien joué avec les enfants sur la pelouse, la grand'mère appuyait son bras sur le mien et nous allions sous les tilleuls reprendre nos chères conversations du soir. Je ne sais guère quel charme nous attachait l'un à l'autre. Jeune et impatient de connaître, je cherchais peut-être en elle la science amère de la vie ; effrayée de vieillir, peut-être cherchait-elle en moi quelque reflet de sa jeunesse. Quoi qu'il en soit, nous nous aimions l'un l'autre ; j'aimais surtout à remonter avec elle le cours agité de ses années ; je me plaisais, aux heures d'épanchements, à détacher quelques pages du livre de son existence, et bien que ces entretiens fussent féconds pour moi en désenchantements, je les recherchais avec avidité, tant j'avais hâte de mordre à l'écorce de l'expérience.

Un soir, j'arrivai plus tard que de coutume. Je trouvai le perron désert ; les serviteurs m'apprirent que la famille était partie pour Saint-Brice, une petite propriété voisine. La grand'mère seule était restée. Le monde, qui lui semblait autrefois trop petit, n'allait plus pour elle au delà des tilleuls qui entouraient le château d'une double ceinture de feuillage. Je l'aperçus dans notre allée, marchant lentement, pensive et solitaire. Nous étions alors aux premières journées du printemps : l'air était froid et pénétrant, je courus à elle, et l'engageai à rentrer ; mais elle était distraite, et, sans répondre à mes instances, elle prit mon bras, et nous nous dirigeâmes en silence vers l'endroit le plus calme et le plus retiré du jardin.

— Grand'mère, lui dis-je enfin (nous l'appelions tous grand'mère), vous êtes triste : qu'avez-vous ? quel nuage a passé aujourd'hui devant votre soleil ?

— Mon soleil est bien pâle, dit-elle, et ses rayons ne me réchauffent plus. Oui, mon garçon, je crois que tu as raison, je suis

triste ; le retour des beaux jours me fatigue et ne me ranime pas. J'ai respiré toute la journée cet air enivrant des feuilles nouvelles ; j'ai foulé ce gazon, je me suis reposée sous ces lilas en fleurs, et je me suis dit avec quelque amertume, que, nous autres, nous n'avons qu'un printemps et que pour nous l'hiver arrive vite.

— Oui, lui dis-je ; mais on assure que nous allons refleurir dans un monde plus beau, où le printemps est éternel.

— C'est possible, dit-elle, en prenant une prise de tabac dans une boîte de platine russe ; mais quelques merveilles qu'on nous raconte de ce monde qui nous attend, nous ne quittons jamais sans regrets notre sale et triste planète.

Je voulus profiter des dispositions où je la trouvais pour lui annoncer une fâcheuse nouvelle. Après quelques instants de silence :

— Vous savez, lui dis-je d'un air presque indifférent, tant je craignais de donner à mes paroles trop d'importance et de solennité, vous savez que Mario est mort ?

— Mario est mort ! s'écria-t-elle en s'arrêtant brusquement. Je la regardai à la clarté de la lune; son visage exprimait de l'effroi, mais point de douleur.

O saint égoïsme ! chaque année qui passe sur notre tête dessèche dans notre cœur quelque beau sentiment, y tarit quelque noble source; mais toi, tu t'épanouis au souffle du temps, chaque jour tu te prélasses plus radieux et plus florissant sur les débris souillés de notre âme! La grand'-mère et Mario s'étaient longtemps aimés ; cet amour avait rempli les plus belles années de leur jeunesse. Orageux, plein de joies inquiètes et de passions turbulentes, cet amour s'était brisé comme tous les amours de la terre ; mais, bien que séparés par cette terrible loi du destin qui veut que tout ici-bas se brise, se flétrisse et passe, tous les deux n'avaient pu rester étrangers l'un à l'autre, plus d'une fois sans doute ces cœurs désunis avaient dû se fondre dans une même pensée de tendresse et de sollicitude. Eh bien ! la grand'mère ne vit dans la mort de Mario qu'un avertissement funeste ; cette mort lui rappela seulement que l'heure du départ allait bientôt sonner pour elle.

— Ah ! Mario est mort ! reprit-elle d'un ton plus calme. C'est mourir bien jeune, il me semble.

— A coup sûr ! ajoutai-je avec empressement ; il était votre ainé.

— Certainement, certainement, dit-elle, en reprenant mon bras qu'elle avait quitté avec un sentiment de terreur ; il était mon ainé.

— Et puis, on assure qu'il faisait des excès.

— Sans doute, il devait en faire : on ne meurt pas ainsi à son âge.

Je ne pus m'empêcher de sourire. Mario comptait bien de son vivant cinq ou six ans de moins que son amante ; il venait de s'éteindre au fond d'une campagne où sa vieillesse s'était écoulée pauvre, oubliée et solitaire. Pendant le reste de la soirée, Mario fut le sujet de notre entretien sous les tilleuls. A l'âge qu'avait la grand'mère, on ne vit guère que dans le passé, et elle aimait assez à feuilleter ses anciens jours. A l'âge que j'avais alors, on ne vit guère que dans l'avenir, et je me plaisais à en deviner les formes incertaines à travers les souvenirs un peu confus de ma vieille amie. Je la laissai donc parler de Mario ; elle en parla longuement ; mais son cœur, aussi froid que les cendres de son amant, ne laissa point échapper un éclair d'amour et de jeunesse.

— Mon Dieu ! m'écriai-je avec douleur, toutes les affections finissent-elles donc de la sorte ? Ne reste-t-il jamais rien, que quelques tisons noirs et glacés, de ces feux qui promettaient une flamme éternelle ? Un jour arrive-t-il infailliblement où le cœur ne bat même plus au souvenir de ce qu'il a tant aimé ?

— Hélas ! oui, dit-elle en soupirant : presque toujours il en arrive ainsi.

— Grand'mère, la vie serait-elle réellement aussi triste que vous me la montrez parfois ?

— Mon fils, répondit-elle en me frappant sur l'épaule, puisses-tu dans quinze ans t'adresser encore cette question !

— Puissé-je surtout vous l'adresser, grand'mère !

Elle secoua la tête d'un air de doute, puis elle reprit après un court silence : Vois-tu, mon garçon, si la vie est mauvaise, c'est notre faute à tous : aussi n'avons-nous pas le droit de l'accuser, et c'est à peine si je me permets pour mon compte une plainte dans mon propre cœur. Va, le ciel a été prodigue de bienfaits envers sa créature : nous avons tout gâté, et nous murmurons contre le Créateur.

Que dirons-nous, grand Dieu ! lorsque tu demanderas compte des trésors que tu nous avais confiés ? Pareilles à ces liqueurs d'Orient qui laissent un parfum éternel au vase qui les a contenues, les affections, même en s'épuisant, pourraient imprégner de suaves souvenirs l'asile qu'elles ont habité ; mais dans quelle âme une affection humaine a-t-elle pu séjourner sans y altérer sa pureté primitive ? Dans quel cœur l'amour n'a-t-il point déposé, en se retirant, un peu de lie et d'amertume ? C'est que nous abusons de tout, mon enfant ; c'est qu'aveuglés par la jouissance, nous ne savons jamais prévenir la satiété ; c'est qu'au lieu de tailler dans le vif, nous flétrissons tous les sentiments, avant de les arracher de notre cœur opiniâtre. Tous nos amours ressemblent aux feuilles de l'automne qui ne tombent que lorsque le soleil et le vent les ont jaunies et desséchées, et que nous traînons indifféremment sous nos pieds, sans nous rappeler que, vertes et luisantes, elles ont ombragé nos têtes. Nous sommes si ingrats envers le bonheur qui n'est plus ! Quelques jours d'ennui et de dégoût ont bientôt effacé des années de félicité. Et puis, le monde n'est-il pas là pour porter sur nos plaies ses mains grossières et venimeuses ? A-t-il assez de paroles empestées, assez de basses calomnies, assez de pavés et de boue pour élever un mur infranchissable entre deux pauvres âmes que le destin a désunies ? Le monde ne pardonne point au bonheur qu'il ne sanctionne pas, il en mine sourdement le fragile édifice ; et quand l'édifice a croulé, il en salit les débris, il en remue incessamment les ruines, pour que la fleur du souvenir ne puisse y croitre et s'y épanouir. Ah ! si je te contais tout au long l'histoire lamentable de ma liaison avec Mario, tu t'étonnerais moins peut-être de trouver ma mémoire infidèle, ingrate et glacée.

— Grand'mère, lui dis-je, contez-moi cette histoire.

— A quoi bon ? L'humanité gravite pêle-mêle vers le même abime ; l'exemple des anciens n'a corrigé personne. D'ailleurs, pourrais-je encore ranimer les cendres de mon cœur, et le vent de l'âge ne les a-t-il pas dispersées !

Nous marchions depuis quelques instants en silence. Une bise extrêmement froide soufflait du nord ; le gazon de l'allée et les feuilles des arbres étaient déjà humides de la rosée de la nuit. J'entrainai ma vieille compagne vers la terrasse du château, et nous entrâmes dans le salon ; elle s'étendit sur un canapé, devant un grand feu de sarment, et j'allai m'asseoir à ses pieds.

— Écoute ! me dit-elle après s'être longtemps recueillie ; je veux te conter une histoire de ma vie que personne n'a jamais entendue, et dont j'ai gardé le secret enfoui, comme un trésor, dans mon sein ; je vais déflorer pour toi le seul souvenir de ma jeunesse qui soit resté pur dans mon vieux cœur, le seul amour qui m'aura suivie, toujours brûlant, jusqu'au tombeau. Je vais pour la première fois faire entendre un nom que je n'ai prononcé, durant trente ans et plus, que dans le silence des nuits et dans la solitude de mes jours. Approche donc ; viens lire dans ce coin de mon âme où nul regard humain n'a encore pénétré ; entre avec respect dans ce sanctuaire que le désenchantement n'a jamais profané, où le feu sacré brûle encore.

— Ce n'est donc pas l'histoire de Mario ? m'écriai-je presque effrayé de la solennité de ce début épique.

— Non, dit-elle : c'est une autre histoire.

Je m'étais assis sur le canapé auprès d'elle. La grand'mère ouvrit sa boite de platine, se barbouilla le nez d'une prise de tabac d'Espagne, et, après en avoir savouré quelques instants le parfum et la saveur:

— Dans ce temps-là, commença-t-elle en remettant sa boite dans sa poche, je ne prenais pas de tabac ; j'étais jeune, on vantait ma beauté ; un grand fonds de hardiesse et d'impertinence, un caractère ardent, une tête un peu folle, surtout un profond mépris pour tout ce que le monde appelle *convenances*, m'avaient acquis déjà une certaine réputation d'esprit et d'originalité. Dans le monde, on me trouvait *drôle*. Je crois, mon enfant, que je devais faire alors une pécore assez insupportable. J'avais vingt ans, de la fortune, un mari excellent qui m'adorait, des serviteurs fidèles qui m'avaient vue naître, des amis charmants et dévoués, de joyeux compagnons, soumis à toutes mes fantaisies, obéissant à tous mes caprices. Mes troupeaux paissaient dans mes grasses prairies, mes vignes et mes bois couvraient les coteaux d'alentour. Deux chevaux, noirs et luisants, ébranlaient les pavés de la ville voisine sous les roues de ma calèche ; un alezan brûlé, aussi docile à ma voix que le grand lévrier qui galopait à mes côtés, me faisait voler dans la plaine. Qui n'aurait cru à mon bonheur? Moi seule je n'y croyais pas. Je nourrissais ce vague ennui dont nous avons tous reçu le germe fatal en naissant ; je le nourrissais avec complaisance ; je me révoltais en secret contre ma prosaïque existence : j'aurais voulu remuer à tout prix ce lac dont les eaux dormantes réfléchissaient toujours les mêmes aspects et les mêmes ombrages. Mes amis m'aimaient trop : mes prés étaient trop fertiles ; l'amour de mon mari me semblait trop paisible. Mon mari lui-même m'apparaissait souvent sous un jour bien terne et bien vulgaire. Cet homme grossier faisait valoir mes propriétés, augmentait chaque année mes revenus, s'occupait d'engrais et calculait sur les regains. Que de fois n'ai-je pas lancé avec fureur mon cheval à travers champs, lui faisant franchir, au risque de me rompre le cou, les fossés, les haies et les barrières ! J'avais besoin d'agitation. Je ne savais où jeter l'énergie qui me dévorait. Le calme m'indignait, j'appelais la tempête : ô folle que j'étais ! Mais telle est la vie. Nous partons tous du même point pour arriver au même terme ; nous commençons toujours par armer en corsaires, toujours nous finissons les pieds dans la flanelle.

Je me trouvais dans ces dispositions, lorsque je reçus une invitation de madame B... pour aller passer une journée au château de la Chênette. Madame B... (tu ne l'as pas connue, car elle était morte que tu n'étais pas au pays) a tenu longtemps le sceptre du ridicule dans une contrée où, Dieu merci ! le ridicule n'a jamais manqué. Femme bel-esprit, sa maison fut longtemps à la ville une succursale de l'hôtel Rambouillet ; toutes les Sévigné de l'endroit s'y rendaient le soir, une fois par semaine, et là, on parlait d'art, de morale et de littérature : c'est à faire frémir, rien que d'y penser ! La France n'était point encore sortie de la tourmente populaire qui l'avait si rudement secouée ; alors madame B..., farouche républicaine, eût porté, je crois, le bonnet rouge, si le blond de ses cheveux n'eût menacé de se confondre avec la couleur de sa coiffure. Disons en passant que ses opinions ne lui coûtaient rien, et que ses sentiments étaient moins roturiers encore que sa naissance. Lorsque les parchemins et les titres reparurent sur l'eau, madame B... songea qu'il était temps de se désencanailler ; elle ne pouvait anoblir les registres de l'état civil, mais elle prit des airs de duchesse ; elle ne pouvait blasonner sa patache, mais elle armoria ses gestes et son langage. Ses gens portèrent livrée, et la méchante masure que je pourrais te montrer à l'horizon, entre deux massifs de chênes, ne s'appela plus que le château de la Chênette.

J'aimais son fils, qui valait mieux qu'elle, et j'acceptai l'invitation. D'ailleurs, madame B... me plaisait, comme étude : elle me détestait par goût et me recherchait par orgueil, et je me plaisais à observer la lutte qui s'établissait toujours à mon aspect entre sa haine et sa vanité, deux mauvais sentiments auxquels je n'ai jamais cherché à servir de point de mire, sois-en bien persuadé, mon garçon. Mon mari était absent ; je partis à cheval, par une matinée d'automne, accompagnée seulement d'un serviteur qui suivait à distance. Je n'ai jamais pu me soumettre à cette manie, qui veut que nous ne puissions faire un pas sans avoir un laquais à nos flancs ou sur nos talons. Je mis bien quatre heures à faire le trajet, qui en demandait deux à peine ; j'étais triste, préoccupée, rêveuse, je pressentais confusément dans ma destinée quelque chose d'irréparable.

Le fils de madame B... m'attendait dans le sentier couvert qui sort encore d'avenue à la Chênette. — Prenez votre courage à deux mains, me dit-il, ma mère a réuni tout ce que le pays a de mieux.

— Ah! diable! lui dis-je, en sautant à bas de mon cheval, ce sera ennuyeux à mourir.

— Oui ; mais nous sommes quelques bons compagnons, bien décidés, pour nous distraire, à risquer un peu de scandale. Êtes-vous des nôtres ?

— Toujours! m'écriai-je avec joie, tant j'avais hâte d'échapper aux mille pensées qui m'oppressaient. Je jetai ma jupe d'amazone sur ma selle, et, laissant flotter la bride sur le cou de ma monture qui nous suivit docilement en enlevant les branches encore vertes des buissons, je pris le bras de mon camarade, et nous arrivâmes ensemble au

château. La cour était encombrée de chars-
à-bancs et de carrioles d'osier. Les garçons
meuniers et les valets d'écurie, déguisés en
laquais de bonne maison, se croisaient en
tous sens. C'était un remue-ménage infernal. Aussitôt qu'elle m'aperçut, madame B...
vint à moi et m'embrassa avec effusion : si
elle avait pu me tordre le cou, elle l'eût fait
de grand cœur, je te le jure. — Ah! ma
chère! quel bonheur de vous avoir! Je vous
attendais, je tremblais que vous ne vinssiez
pas ; vous êtes si rare! Comment pourrai-
je jamais reconnaître?...

— Cela est bien facile, lui dis-je. Faites-
moi donner un verre d'eau : je meurs de soif.

— De l'eau! quelle horreur! Vous pren-
drez de l'eau rougie ?

— Non : de l'eau pure.

— De l'eau sucrée ?

— Je ne prendrai que de l'eau pure.

— Mais, ma chère, cela ne se peut pas. Nous avons du cidre, de la bière : on pourrait envoyer chercher du sirop à la ville.

J'entendais à deux pas de moi le bruit clair et argentin d'un filet d'eau qui devait se perdre sous la mousse, dans les allées en pente du jardin. Pour en finir avec cette lutte entre l'eau pure, le sirop de groseille et le vin du crû, pour en finir surtout avec la soif qui me dévorait, je m'approchai de l'endroit d'où partait ce bruit argentin, et je trouvai bientôt une source limpide qui s'était creusé sous un bouquet de coudriers un lit tout tapissé de lichens et de fontinales. Je

m'agenouillai sur la marge, et j'aspirai tout
à mon aise l'onde froide et aromatisée par la
menthe qui croissait sur ses bords. Malheureusement, je portais alors de longs cheveux
bouclés qui couvraient mon cou et mes
épaules. Lorsque je me relevai, je secouai,
par un brusque mouvement de tête, mes
cheveux qui s'étaient abreuvés comme moi
de l'eau de la source, et j'aspergeai d'une
rosée glacée le visage de quinze ou vingt
bégueules qui s'étaient groupées derrière
moi, et que je n'avais point aperçues. Tu ne
saurais imaginer, mon cher enfant, le succès qu'obtint cette inconvenance involontaire : je fus perdue, pour le reste du jour,
dans l'opinion de la *société;* on décida que
j'avais un *genre* exécrable, et je fus compa-

rée à Diogène, qui buvait dans le creux de sa main. Je me résignais à maigrir d'ennui, lorsque j'aperçus enfin les quelques amis que m'avait annoncés le fils de madame B... Je les connaissais tous; c'étaient mes compagnons d'enfance, tous jeunes gens joyeux, simples et bons. Nous organisâmes une bande à part dont je fus l'héroïne; il fut résolu que tous m'escorteraient à cheval, le soir, jusqu'à ma campagne, et que nous passerions par la ville. J'envoyai mon domestique m'attendre à Saint-Florent, à l'hôtel *de la Tête-Noire*, et je me préparai à secouer l'ennui rongeur qui me consumait.

Après le déjeuner, réunis en groupes divers dans la cour, nous mettions aux voix l'emploi de la journée, lorsque nous vîmes entrer d'un pas lent et lourd un énorme cheval de meunier, sur lequel était perché un petit jeune homme, tout blond, tout mince et tout pâle. Le cheval s'arrêta pesamment au milieu de nous; des éclats d'un rire bruyant accueillirent cette entrée triomphale, et le petit jeune homme, immobile sur sa monture, nous regarda d'un air naïf, embarrassé et souffrant.

— C'est Roger! s'écria-t-on de toutes parts.

— Qu'est-ce que Roger? demandai-je à mon voisin.

Au même instant, madame B... me prit à part et me dit : — C'est le petit Roger, mais il a beaucoup d'esprit.

Cette impertinence m'intéressa tout d'abord au petit Roger. Je m'informai de lui ; j'appris qu'il était fils d'une famille honnête et modeste, depuis peu de temps établie dans le pays. Les jeunes gens de Saint-Florent l'aimaient, et le fils de madame B..., l'ayant invité à la fête que donnait sa mère, l'avait engagé à s'y rendre sur le cheval de moulin qui faisait tous les jours le double trajet de la Chênette à Saint-Florent et de Saint-Florent à la Chênette. Ce cheval était de plomb, et Roger avait mis cinq heures à faire deux petites lieues. J'observai ce jeune homme ; il devait avoir vingt ans au plus. Il était silencieux, fier et timide. Je remarquai en lui une élégance de manières qui me frappa. Plus je l'observais, plus je trouvais qu'il n'avait rien de commun avec mes bruyants et robustes amis. Je n'avais connu jusqu'alors aucun être qui lui ressemblât, et cependant son aspect répondait vaguement à je ne sais quel type gracieux et poétique qui se glissait dans tous mes rêves, et vers lequel mon âme déployait incessamment ses ailes. On m'avait vanté son esprit ; je ne songeai pas à lui en chercher ; chose étrange ! durant le jour entier, nous n'échangeâmes pas un geste, pas une parole : deux fois seulement nos regards se rencontrèrent, et cependant je comprenais déjà que ma destinée était changée, et que cet être, que je voyais pour la première fois, riverait à ma vie un souvenir éternel.

Le reste de la journée s'écoula avec une incroyable rapidité. La voix de Roger venait à mon cœur, comme une délicieuse harmonie que je n'avais encore entendue que dans les songes de mes nuits tourmentées. Sa présence était pour moi une préoccupation de tous les instants qui me charmait à mon insu ; il y avait autour de lui je ne sais quelle atmosphère enchantée où je me plongeais avec ivresse. Je ne m'avouais aucun des sentiments dont j'avais si longtemps couvé le germe, et qui venaient d'éclater subitement ; je ne précisais rien, je ne prévoyais rien : seulement, je me sentais heureuse, ma poitrine aspirait l'air avec joie ; la vie me semblait plus légère, et j'écoutais avec ravissement une voix mystérieuse, nouvellement éclose, qui chantait dans mon âme. Je ne m'inquiétais pas de savoir si je devais jamais revoir Roger, je n'y songeais même pas. Je vivais tout entière dans la sensation présente sans me soucier de l'avenir, sans me demander si cette apparition de quelques heures aurait jamais un lendemain. Jours d'amour et de jeunesse, jours de mol abandon et de joyeuse imprévoyance, vous que nous appelons le temps de la folie, et qui peut-être étiez celui de la sagesse, beaux jours, qu'êtes-vous devenus !

Le soir arriva vite : à huit heures nous étions tous en selle. Madame B... me fit observer que j'allais blesser toutes les convenances en me mêlant ainsi, jeune, belle et *seule de mon sexe*, à cette jeunesse turbulente. Madame B... avait raison dans le sens du monde; mais je me souciais peu du monde, et j'avais tellement confiance dans la droiture de mes intentions, que je cédais toujours sans crainte à mes caprices. D'ailleurs cette turbulente jeunesse me vénérait comme une sœur, et j'ai vu partout mon étourderie entourée de plus de respect que n'en obtint jamais la réserve de toutes nos prudes. Je ne répondis donc à madame B... qu'en faisant siffler ma badine, et je donnai le signal du départ en lançant mon cheval au galop. Tous les cavaliers me suivirent, et nous disparûmes bientôt dans un tourbillon de poussière. Nous allions comme une bourrasque à travers champs et villages. Les pierres du sentier jetaient des étincelles sous les pieds de nos chevaux; les chiens des hameaux nous poursuivaient en aboyant, et les paysans effrayés accouraient sur le seuil de leurs portes.

J'avais tenu longtemps la tête de la cavalcade. Oppressée par la rapidité de la course, sentant que mon cheval, excité par le bruit du galop qui retentissait derrière moi, prenait à chaque instant une vigueur nouvelle, et craignant de ne pouvoir modérer bientôt l'ardeur qui l'emportait, je résolus d'abandonner la route à la fougue de mes compagnons, et me jetai, par un biais habilement ménagé, dans une terre de labour. Comme la nuit était obscure, aucun d'eux ne s'aperçut que je manquais à leur tête, et au bout de quelques minutes je n'entendis plus qu'une rumeur confuse qui allait s'effaçant et qui finit bientôt par se perdre.

Je ne sais pourquoi j'éprouvai alors, en me trouvant seule au milieu du recueillement des prairies, un sentiment de joie indéfinissable. Effrayée de ce bonheur sans nom qui m'arrivait comme par rafales, je m'interrogeais avec anxiété. Je me demandais ce qu'il y avait de changé dans ma vie ; pourquoi, le soir, je revenais joyeuse ; quelle brise avait dissipé les nuages de mon ciel ; quel rayon de soleil en avait éclairci l'azur ? Je craignais de me trouver coupable ; je cherchais à comprimer les élans de ma félicité, à chasser de mon cœur je ne sais quelle image qui l'assiégeait sans cesse. Il me semblait aussi que de nouvelles facultés venaient d'éclore en moi ; mes perceptions étaient plus nettes et plus rapides, mes sens plus fins et plus délicats ; je saisissais dans le silence de la nuit les harmonies qui me parlaient pour la première fois ; dans la contemplation du ciel étoilé et des champs endormis, des spectacles dont je n'avais jamais jusqu'alors soupçonné les merveilles et la poésie. J'avais ramené mon cheval dans le sentier ; il allait à son gré, arrachant les touffes d'herbe qui croissaient sur le bord des fossés, et moi, je regardais la lune qui montait à l'horizon entre les forges enflammées de Saint-Florent, pareille à un disque de cuivre sortant tout rouge de leurs fournaises. Je prêtais en même temps l'oreille aux mille cris de la campagne ; les insectes bruissaient dans les sillons, les courlis vagissaient dans les roseaux des marais ; les fruits sauvages qui se détachaient autour de moi tombaient avec un bruit mat sur le gazon, et j'entendais au loin les chanvreuses qui battaient le chanvre dans les hameaux. Soudain un bruit que je ne reconnus pas se mêla à tous ces murmures: mon alezan s'arrêta tout à coup et dressa les oreilles en hennissant. C'était le pas lent et paisible d'un cheval qui suivait le même sentier, et qui sans doute se rendait à la ville. Bientôt les pas se rapprochèrent, et, au détour du chemin, je vis apparaître, comme un rayon de la lune, mon doux et blanc Roger, penché mélancoliquement sur sa pacifique monture.

Lorsque Roger se trouva près de moi, les deux chevaux, qui tous les deux avaient la bride sur le cou, se mirent à tailler la haie et à tondre le gazon de compagnie ; Roger et moi, nous nous regardâmes. Je balbutiai quelques paroles, Roger n'essaya pas un mot. Je ne savais quelle contenance tenir ; je toussais, je tirais mon mouchoir, j'allongeais et je raccourcissais les courroies de mon étrier.

Enfin je me rassurai en pensant que Roger était aussi troublé que moi, et je me décidai à nous sauver tous les deux de cette position difficile.

— Monsieur, lui dis-je en assurant ma voix, je vous croyais avec nos amis.

Roger ne répondit qu'en montrant d'un air piteux le lourd animal qui paissait à côté du mien.

— Aucun de nous n'y a songé, monsieur;

nous eussions mesuré le pas de nos chevaux à l'allure de votre bête.

Roger s'inclina légèrement et ne répondit que par un triste sourire.

Découragée par la concision de ces réponses, je relevai la bride de mon cheval, Roger en fit autant, et nous nous mîmes à chevaucher côte à côte, sans échanger une parole ni même un regard. Je crois, mon enfant, que je serais allée ainsi jusqu'au bout du monde. Il me semblait entendre le cœur de Roger me parler tout bas ; je remerciais secrètement ce jeune homme de ne point troubler par des banalités le langage muet de nos âmes. Nous marchions depuis quelques instants de la sorte, et je tremblais déjà de voir poindre à travers les peupliers la flèche du clocher de la ville, lorsque Roger, tournant vers moi sa blonde tête, me contempla longtemps avec une expression de tendresse indicible.

— Madame, me dit-il enfin d'une voix qui produisit sur moi l'effet d'une commotion électrique, je vous connais depuis deux ans : il y a deux ans qu'à pareille époque, je vous ai vue pour la première fois.

Et comme je le regardais avec étonnement :

— Vous traversiez les montagnes de ma patrie; votre frère ou votre mari accompagnait vos pas. Ne vous souvient-il plus du coteau de la Madeleine ? Votre cheval épuisé de fatigue refusait d'en gravir la pente difficile; la rivière grondait sous vos pieds, la nuit tombait dans la vallée et vous cherchiez avec inquiétude un sentier moins rapide.

— Je ne l'ai point oublié, lui dis-je.

— Vous avez donc oublié le jeune homme, me répondit Roger d'un air triste, qui saisit par le mors votre cheval découragé, et fut assez heureux pour vous frayer une route moins rude ?

— Je ne l'ai point oublié, lui répondis-je encore.

— Deux ans à peine se sont écoulés, et cependant, madame, vous ne le reconnaissez pas.

Je baissai les yeux et ne répondis plus. Il était bien vrai que les traits de cet enfant, qui ne m'était apparu dans les monts qu'à la lueur du crépuscule, s'étaient effacés de mon souvenir ; mais si j'avais osé, et je me sentis près de l'oser, je lui aurais dit : O Roger, tu ne me connais que depuis deux ans, et moi, depuis que j'existe, je te connais, je t'appelle et je t'aime !

Je n'avais pas la force de murmurer un mot de reconnaissance ; mais comme mon cœur palpitait délicieusement, en songeant que j'avais occupé déjà les secrètes pensées de ce jeune homme ! comme j'étais heureuse de lui donner tout bas le nom de mon sauveur ! comme je m'exagérais avec complaisance le danger que j'avais un soir couru dans les montagnes de la Creuse ! Je me voyais suspendue entre les flots écumants et les cimes menaçantes ; la terre s'éboulait sous mes pas, et j'allais rouler dans l'abîme, lorsqu'un ange gardien descendait des nuages et m'enlevait avec lui sur ses ailes... Oh! mon enfant, lorsqu'elle est aidée par l'amour, quel poëte que la mémoire! Ce fait qui la veille ne m'eût semblé qu'un incident vulgaire, revêtait alors une incroyable solennité, et je m'écriais dans un muet enthousiasme : — Vous à qui je dois déjà une existence, envoyé de Dieu, complétez votre œuvre ; venez me donner encore la vie de l'âme, cette vie sans laquelle l'autre nous fait regretter le néant !

Je ne savais ce qui se passait dans l'esprit de Roger ; je le supposais agité de tout le trouble qui remplissait le mien. Après un long silence, je me hasardai à le questionner sur sa patrie, d'où l'avait exilé la fortune de sa famille. Il me parla avec enthousiasme du petit pays où il était né. J'en avais visité les sites pittoresques, il m'en fit sentir les secrètes beautés. Chacune de ses paroles faisait jaillir en moi mille sources de poésies qui, jusqu'à ce jour, avaient dormi cachées dans mon sein. Il me parla des souvenirs de son enfance qui s'était écoulée libre, sauvage, aventureuse, au milieu de ses chères montagnes. Chacun de ses souvenirs, en réveillant dans mon cœur une impression à demi effacée de mes jeunes années, me la rendait parée d'une grâce nouvelle. Il m'entretint de ses travaux, de ses études, de sa famille qui ne vivait qu'en lui, et dont il devait être un jour le soutien ; je m'initiai avec transport à tous ses projets d'un avenir laborieux et modeste. Puis, je ne sais par quelle transition, il vint à me confier les mille tristesses de son âme, et il arriva qu'en me disant son histoire, Roger me raconta la mienne. Nos deux chevaux marchaient de front ; le sentier était tellement étroit que je sentais le souffle de Roger caresser mon visage et que souvent sa main venait effleurer la mienne. Nous nous arrêtions parfois pour échanger nos sentiments, pour chercher quelque rapport intime entre nos deux natures, et lorsque nous avions trouvé entre nous un lien de plus, une sympathie nouvelle, nous reprenions en silence notre lent pèlerinage, laissant nos âmes s'abimer dans la même pensée de bonheur et d'amour.

Ah ! ne dis pas que j'étais folle, ne dis pas

que l'amour ne naît point ainsi d'une parol[e] ou d'un regard ; que les affections véritable[s] germent longtemps avant d'éclore ; ne m[e] dis pas que je m'abusais, ne flétris pas l[a] seule fleur de ma vie qu'ait su conserver m[a] vieillesse. Oui, j'aimais ; oui, j'étais heu[-] reuse. Je voyais enfin apparaître les rives d[e] cette terre enchantée que j'avais tant de foi[s] vue flotter dans mes rêves. Enfin mes illu[-] sions se changeaient en réalités ; enfin j[e] rencontrais un être qui donnait la vie au[x] fantômes de mon sommeil. Si tu savai[s] combien, en écoutant Roger, je me remer[-] ciais de l'avoir deviné au premier abord, d[e] l'avoir aimé sans le connaitre ! Si tu savai[s] aussi combien le système d'éducation qu'o[n] avait appliqué à mon enfance et à ma jeu[-] nesse était en désaccord avec la vie qu'on m'avait imposée, peut-être t'étonnerais-tu moins de voir combien ma tête était mobile et mon cœur prompt à s'enflammer. Songe donc qu'au besoin mon mari eût été mon père ; que les amis qui m'entouraient ne permettaient guère la tristesse que lorsque les gelées d'avril avaient brûlé les bourgeons de nos vignes, ou que les eaux de la rivière avaient inondé nos guérets. Songe enfin qu'avant le jour où Roger s'offrit à moi, je n'avais jamais rencontré une créature qui plaçât le bonheur et la poésie hors de la grange et du pressoir. Au reste, mon garçon, je ne veux pas discuter ici la moralité de mes œuvres ; mais Dieu, qui a jugé durant cette soirée la pureté de mes intentions, la chaste confiance de mon âme et l'innocence de Roger, a dû voir sans colère deux enfants inoffensifs cheminant ainsi à la clarté de ses étoiles et réduisant l'amour à la plus pure, à la plus sainte des aspirations vers le ciel.

Je ne m'explique pas encore le profond oubli de toutes choses dans lequel je passai ces heures rapides et charmantes. Il s'était établi entre Roger et moi une convention tacite de ne point parler des devoirs qui me liaient à une autre existence, et nous allions comme deux enfants de la nature échappés du bagne de la société, sans songer qu'il nous faudrait reprendre nos entraves à la barrière de la ville prochaine. Savions-nous même s'il existait des villes sous le ciel, d'autres êtres que nous sur la terre, d'autres lois dans le monde que celles qui nous attiraient l'un vers l'autre! Le mot d'amour ne fut pas une fois prononcé entre nous : nous nous aimions sans nous le dire, sans nous l'avouer peut-être à nous-mêmes, mais aussi sans nous demander s'il était des félicités plus douces, des joies plus enivrantes que cette fraternité de goûts et de sentiments qui comptait quelques heures à peine, et qui devait, hélas! ne point avoir de lendemain. Et cependant nous lui promettions un avenir si doux et si paisible! Nous lui tressions à l'avance des jours si beaux et si sereins! Chaque semaine ne devait-elle pas nous réunir désormais, soit à la ville, soit à la campagne? Quel obstacle pouvait nous em-

pêcher de nous voir plus souvent encore?
Roger me parlait d'une foule de livres que
nous devions lire ensemble, à l'ombre des
bois ; nous formions mille projets d'étude et
de plaisirs ; nous élevions avec complaisance
l'édifice d'un bonheur sans fin, et nous nous
étonnions tous les deux d'avoir pu vivre si
longtemps séparés, nous bénissions la destinée d'avoir enfin rapproché nos deux
âmes.

Cependant nos chevaux allaient toujours,
et Roger commençait à remarquer que la
ville semblait fuir devant nous, lorsque nos
deux montures s'arrêtèrent brusquement : la
rivière roulait devant nous ses flots argentés
par la lune ; nous nous trouvions au bout
d'un petit chemin creux, par où les bestiaux

devaient descendre à l'abreuvoir. Il fallut revenir sur nos pas ; une fois hors du sentier creux, nous cherchâmes à nous orienter, mais vainement : nous ne reconnaissions aucun des accidents du paysage. Nous prîmes au hasard la première route qui s'offrit à nous, en suivant toutefois le cours de l'eau qui nous ramenait à la ville. Après un quart d'heure de marche, nous arrivâmes à l'entrée d'un champ d'ajoncs et de bruyères au milieu desquels nous poussâmes nos chevaux ; mais leurs pieds s'embarrassant à chaque pas dans les épines, ils refusèrent bientôt d'avancer. Que devenir ? Moi, j'aurais voulu ne retrouver jamais ma route ; le dirai-je ? je l'espérais presque. Je me crus un instant perdue dans des landes désertes, infinies, et mon cœur battait d'une secrète joie, à la pensée que nous allions peut-être errer des jours entiers à l'aventure. Roger se prêtait avec tant de grâce à toutes ces folies ! Nous refaisions ensemble ce rêve que nous avons tous fait à quinze ans, sous les blancs rideaux de notre alcôve. Nous nous supposions dans une île inconnue ; je te laisse à penser les combats que livrait Roger pour me protéger contre les sauvages ! Enfants que nous étions ! le vent, qui nous apporta de la ville la onzième heure de la nuit, nous rappela bien vite à la réalité. Hélas ! je pressentais déjà que sur cette terre où nous marchions tous deux, il n'y avait que nous de sauvages, et que c'était contre la société que j'aurais un jour à combattre ! Roger sauta à terre, et, au risque de se déchirer aux plantes épineuses, il prit les deux chevaux par la bride et les tira d'une main vigoureuse. Grâce à lui, nous sortîmes enfin de notre île, mais pour nous jeter de nouveau dans des parages étrangers. Nos regards cherchèrent au loin quelque sentier blanchi par la lune; une mer de champs et de prairies nous entourait de toutes parts. Nous savions bien que la ville était proche ; nous n'avions pas d'issue pour aborder. Nous nous étions arrêtés près d'une haie : Roger se tenait appuyé contre l'encolure de mon cheval, et nous gardions un silence rêveur. Nous étions censés préoccupés de l'idée de notre retour, mais le fait est que nous avions des pensées tout autres, si toutefois nous pensions alors à quelque chose. Nous demeurâmes longtemps ainsi ; je ne sais comment il arriva que ma main se trouva dans celle de Roger. Roger l'étreignit faiblement, puis il la porta à ses lèvres. Je dois te dire, mon enfant, que l'amour ne m'a jamais rien donné de plus doux que ce baiser imprimé sur ma main par des lèvres tremblantes, si ce n'est le silence qui suivit ce chaste baiser. Oh ! comme je me sentais heureuse d'être aimée d'un amour craintif et délicat ! Je retirai doucement ma main de celle de Roger, et je l'appuyai sur son front, sur ce front blanc et pur que mes lèvres n'ont jamais effleuré. Roger tourna vers moi ses yeux humides et brûlants, nos regards se rencontrèrent pour la dernière fois sur la terre.

Presqu'au même instant une lumière brilla à travers les arbres, et des aboiements retentirent : les chiens s'approchèrent en grondant, puis se mirent tout à coup à sauter autour de moi d'un air joyeux et caressant ; je me trouvais évidemment en pays de connaissances. Je fis un temps de galop vers l'endroit d'où partait la lumière, et je frappai à la porte d'une ferme avec le manche de ma cravache. La porte s'ouvrit, nous étions à Saint-Brice.

J'entrai dans la ferme, suivie de Roger. Une pauvre femme qui m'avait vue naître et grandir, était mourante dans son lit : j'allai m'asseoir à son chevet ; elle me reconnut à peine. Ses mains étaient déjà glacées, son œil terne, ses lèvres livides.

Les enfants dormaient paisiblement dans la même chambre, sous des rideaux de serge verte ; le mari sexagénaire veillait seul sa vieille compagne. La vie de nos paysans est si misérable que le spectacle de la mort n'a pour eux rien de bien désolant ni de bien solennel. J'appris que cette bonne femme était malade depuis près d'un mois, et qu'on avait pensé seulement depuis une heure à appeler un médecin. La voisine qu'on avait chargée de cette mission jugea plus convenable d'aller chercher le curé du village, et nous vîmes bientôt arriver le vieux pasteur. Roger et moi, nous nous mîmes à genoux près du lit de la mourante, et nous écoutâmes la prière des agonisants. Je ne crois pas avoir vu durant toute ma vie une scène plus profondément triste. Les enfants, qu'on avait réveillés et qui s'étaient levés pour assister aux derniers moments de leur mère, contemplaient d'un air endormi et stupide ce qui se passait autour d'eux : le vieillard seul versait, au pied du lit, des larmes silencieuses. La lampe venait de s'éteindre ; un morceau de suif brûlait dans le goulot d'une bouteille, sur une table couverte encore des restes du souper rustique. Deux tisons rapprochés fumaient dans l'âtre, et un gros chat noir, à demi couché dans les cendres, semblait absorbé par une contemplation mélancolique devant les braises du foyer. Des mouches volaient lourdement dans l'air épais de la chambre, et venaient en bourdonnant se heurter à mon visage : au dehors, on entendait des mugissements plaintifs qui partaient des étables ; les chiens aboyaient à la lune qui s'approchait de l'horizon, le vent qui fraichissait sifflait tristement à la porte et mêlait ses murmures aux cris perçants des chouettes et des orfraies.

Je me retirai de cette demeure, l'esprit tourmenté par des pressentiments sinistres. Cette image de la mort, qui venait de se jeter d'une façon si imprévue au milieu de mes pensées d'amour, m'avait glacée d'une terreur involontaire. Je regardai Roger à la dérobée, je ne sais pourquoi je m'effrayai de le trouver si pâle, et si mince, et si frêle ; moi-même je me sentais frappée de la crainte de mourir. Notre conversation avait pris un caractère plus austère. Roger, qui avait subi comme moi l'influence de cet épisode lugubre, me par la gravement de la vie présente, pieusement de la vie meilleure qui nous était promise. Il me dit que, quoique bien jeune encore, l'idée de la mort était venue le visiter au milieu de toutes ses joies, et qu'il s'était habitué à l'envisager sans pâlir. — Ce que la mort a de cruel, ajoutait-il avec mélancolie, c'est qu'en général elle nous frappe lorsque nous sommes désenchantés de tout, que nous avons touché le fond de toutes choses, et que nos lèvres ont bu à toutes les amertumes.

— Il me semble au contraire, lui dis-je, que la mort est alors un bienfait et que nous devons la bénir, comme la fin de nos misères.

— Je pense, répondit Roger, que nous devons la bénir à toute heure, mais surtout lorsqu'elle nous frappe au milieu de nos félicités. Il doit être horrible de survivre à son bonheur, à ses croyances ; et s'il est vrai que tout ici-bas, foi, jeunesse, amour, se fane au souffle des années, nous devons souhaiter que la main de Dieu nous enlève dans la fraîcheur de nos illusions. Bien heureux ceux qui tombent dans le luxe de leur printemps, chargés de fleurs et de feuillage! Ceux-là n'assisteront point à leur ruine : ils sont les élus du Seigneur.

— Croyez-vous donc, lui dis-je, que tout ici-bas se flétrisse et passe ? N'avez-vous point foi en des sentiments éternels ? Vous êtes bien jeune, pour parler ainsi.

— Je suis bien jeune, répondit Roger, et ma vie compte un jour à peine ; mais Dieu a placé dans le sein même du bonheur le sentiment de sa fragilité : dans l'ivresse d'une grande joie, qui n'a pas désiré mourir ?

Cette conversation nous mena jusqu'à la porte du château ; mon mari n'était pas de retour, mes gens m'attendaient sur le seuil avec inquiétude. J'engageai Roger à venir prendre quelque repos dans le salon ; il refusa. Sans doute il avait comme moi besoin de recueillement et de solitude. Tourmentée par l'idée qu'il allait retourner seul à la ville, je voulus du moins abréger sa route, et je lui offris mon alezan, qui avait coutume de franchir cette distance en moins d'une heure.

Roger ayant accepté mon offre, je fis changer la selle de mon cheval, et, pendant qu'un serviteur s'occupait à ce soin, nous remarquâmes, Roger et moi, que c'était le même animal que je montais le jour où la Providence nous offrit l'un à l'autre pour la première fois. L'incident de cette première rencontre, qui n'eût semblé à des imaginations vulgaires qu'un effet du hasard, prenait à nos yeux toutes les proportions d'un fait providentiel; nous n'avions point, à nous deux, trop d'amour et de poésie pour en célébrer l'importance.

J'examinai moi-même l'équipement du cheval à qui j'allais confier Roger, et, après m'être assurée que la sangle n'était pas trop lâche, la gourmette trop serrée, les courroies des étriers trop longues : — Vous reviendrez demain, lui dis-je.

— Demain ! répéta-t-il, en partant au galop.

Hélas ! Roger a tenu sa promesse.

Rentrée chez moi, je ne voulus parler à personne ; j'envoyai coucher ma femme de chambre : je voulais être seule. Je me jetai tout habillée sur mon lit ; mais j'étais trop heureuse et trop agitée pour dormir. Je me relevai, j'ouvris ma fenêtre ; l'air froid du matin me calma un peu : je ne puis dire ce qui se passait en moi ; je pleurais comme un enfant, et je sentais avec délices mes larmes brûlantes sur mes mains glacées. J'ignore combien de temps je demeurai assise sur ma fenêtre ouverte, le front appuyé sur l'appui du balcon ; je ne pensais à rien, je ne percevais rien ; j'étais absorbée dans je ne sais quelle divine extase qui me détachait entièrement de la terre : l'opium doit produire une ivresse pareille. Parfois seulement, mes nerfs se contractaient douloureusement : c'est qu'alors je croyais entendre le refrain monotone de cette prière des morts que j'avais récitée, dans mon cœur, au chevet de ma vieille fermière. Vers le matin, je me jetai de nouveau sur ma couche ; ma tête était brisée, mes paupières pesantes, tout mon corps affaissé.

Je dormis d'un sommeil léger, troublé par des rêves bizarres : ma pauvre tête était un chaos où se succédaient, avec une rapidité fantastique, mille images riantes ou sombres, mille figures terribles ou gracieuses. Les pas d'un cheval qui battait le pavé de la cour me réveillèrent en sursaut : je sautai à bas de mon lit ; je m'étais couchée tout habillée, je courus à la porte qui donne sur la cour. Je l'ouvris avec une folle précipitation, et me trouvai en face de mon mari. La figure heureuse et calme de cet homme excellent me rejeta brusquement dans la vie réelle d'où Roger m'avait arrachée : mon mari m'embrassa au front, ce baiser me dégrisa. Je me sauvai dans le jardin, presque mourante. Le soleil était levé depuis longtemps, sa chaleur me ranima. J'allai m'asseoir au pied de l'un de nos tilleuls, et là, je revins froidement sur tout ce que j'avais fait la veille. Il était bien vrai que j'aimais Roger.

La première impression que je retirai de l'examen réfléchi de mon cœur fut amère et douloureuse. Je n'étais pas femme à réduire longtemps l'amour à un sentiment purement extatique : je sentais sourdement tout ce qui couvait en moi d'ardeur et de passion, j'entrevoyais, par une intuition rapide, que l'explosion en serait d'autant plus terrible qu'elle avait été plus longtemps comprimée. Effrayée des maux que je me préparais, je me levai, décidée à ne pas revoir Roger, et j'allai chercher près de mon mari le calme et le repos que m'avait ravis son absence. — Oui, me disais-je en retournant au salon, plus joyeuse déjà et plus légère, c'est mon mari que j'aime. Il est bon : sa bonté rassurera mon âme troublée. Sa tendresse va me rendre au sentiment de mes devoirs que j'ai jusqu'ici trop négligés peut-être. — Puis, en montant les marches du perron, je pensais à mon ménage, à mes amis, à mes habitudes, à mon existence si tranquille, si pure, si sereine; je me demandais comment j'avais pu songer à risquer une destinée toute faite contre une fantaisie d'un jour. J'arrivai au salon dans ces pieuses dispositions : je ne sais par quelle fatalité mon mari, qui était réellement fort bon, mais dont le caractère était extrêmement violent, faisait alors dans la maison un épouvantable vacarme : il s'agissait de ne sais quelle affaire en litige avec un fermier. Je n'avais jamais vu mon cher époux jurant de la sorte : je voulus affronter la tempête de sa colère, mais il me pria assez rudement d'aller faire un tour de jardin, et je m'échappai en tremblant.

Je crois que cet instant fatal a décidé du reste de ma vie. Mes saintes résolutions s'évaporèrent à la colère de mon mari, comme la rosée de nos champs aux premiers rayons du soleil. Mon mari ne fut plus pour moi qu'un despote, un tyran domestique ; mon ménage fut un enfer, ma vie un supplice de toutes les heures. J'accusai le sort de m'avoir sacrifiée à un époux brutal et barbare, je me mis à me proclamer la plus infortunée des créatures avec autant de complaisance que j'en mettais, une heure auparavant, à me trouver la plus heureuse des femmes. D'ailleurs, la scène dont je venais d'être témoin avait achevé de m'enlever le peu qui me restait de mes illusions conjugales. Bien que l'indulgence ne fût point alors au nombre de mes rares vertus, j'aurais pu pardonner beaucoup à mon mari ; je ne lui pardonnai point d'avoir été ridicule. Je ne sais rien, mon enfant, de plus ridicule que la colère des hommes. Avant d'avoir été glacé par l'âge, le sang qui fait battre mes artères était tout aussi prompt, tout aussi inflammable que les plus impétueuses natures ; mais j'ai compris de bonne heure qu'avec la colère, on ne domine rien, pas même son portier, et j'ai su, en toutes circonstances, soumettre à ma dignité la fougue de mon caractère.

Sais-tu, mon garçon, ce que ta vieille grand'mère a retiré de la vie ? L'indulgence pour tous et un grand mépris pour elle-même. Notre nature est décidément quelque chose d'assez chétif, d'assez infirme et d'assez misérable. Lorsque nous ne sommes pas hypocrites avec les autres, nous le sommes vis-à-vis de nous-mêmes. Nous rusons avec notre conscience : nous avons, pour la tromper, mille rouéries dans notre sac ; nous sommes sans cesse occupés à jeter des petits gâteaux à ce cerbère qui veille à la porte de notre cœur. Je m'indignais contre ma destinée ; mais, au fond, j'étais bien heureuse de trouver dans l'emportement de mon mari une excuse à ma conduite de la veille, une occasion toute naturelle de revenir à mon Roger.

Je rappelai avec empressement sa douce et gracieuse image, et, pour échapper aux ennuis de l'heure présente, je m'égarai, avec Roger, dans le monde des espérances. — Eh bien ! oui, me disais-je, les yeux attachés sur la route qui devait me le ramener, oui, je t'accepte comme une consolation que le ciel a voulu m'offrir : aimable enfant, qui m'as ouvert une vie nouvelle, oui, je garderai pour toi seul cette âme que tu m'as révélée ; il est bien à toi, ce trésor qui dormait enseveli dans mon sein et que sans toi j'ignorerais encore. Oui, je t'aime ; oui, je t'attends. Mon Dieu, je ne le voulais pas... mais repoussée de toutes parts, il faut bien que je me réfugie dans le seul cœur qui ne me soit pas fermé !

Tu vois, mon garçon, que je préludais assez bien, par l'exaltation de mes sentiments, aux types qui devaient, trente ans plus tard, défrayer les romans à la mode : aussi ne puis-je m'empêcher de les aimer, ces diables de livres qui m'apportent comme un écho lointain de mes jeunes années. Seulement, lorsque je lis, dans ma bergère, ces productions échappées à quelques cœurs souffrants, à quelques imaginations maladives, et qui ont pour but de peindre la vie, d'en représenter les combats, les joies et les douleurs, je voudrais que, moins fidèles à la poésie qu'à la réalité, ces œuvres ne s'achevassent pas toujours dans le paroxysme de la passion. Ces héros et ces héroïnes que je vois partir, au premier chapitre, tous si pâles, si blonds, si bruns, si beaux, si fougueux, si fringants, j'aimerais à les retrouver, aux dernières pages, prenant une prise de tabac au coin du feu, et faisant un retour judicieux sur les extravagances de leur jeunesse, tandis qu'on bassinerait leur lit et qu'on préparerait le bonnet de coton et la boule d'eau chaude. Il me semble qu'un pareil dénoûment, habilement soudé à presque tous les romans modernes, en complèterait le sens avec bonheur, et serait fécond en moralités de tout genre.

Cependant Roger ne revenait pas. La route se déroulait déserte et silencieuse à travers les prairies ; je n'apercevais à l'horizon que la cime immobile des arbres. Je prêtais l'oreille aux bruits de la ville, et n'entendais que les feuilles que le vent d'automne abattait autour de moi. Que faisait Roger ?

Quels rêves avaient occupé son sommeil ? Dans quel monde voyageaient ses pensées, depuis notre séparation de la veille ? Quelle impression avait laissée dans son âme cette nuit passée dans les champs ? Quelle image dans son cœur notre rencontre à la Chênette ? Ah ! sans doute il m'aimait ; sans doute il m'avait retrouvée dans ses songes ; j'avais été l'ange de son réveil ; je devais être désormais le bonheur et le but de sa vie tout entière. N'avais-je pas senti ses lèvres tremblantes sur ma main, son souffle brûlant à mon visage ? Son trouble n'avait-il pas été égal au mien ? Ah ! oui, Roger m'aimait ; il m'aimait depuis deux ans peut-être, depuis le jour où son courage m'avait sauvée dans les montagnes ? Et moi, je l'avais oublié ;

mon souvenir n'avait pas su garder les traits charmants de mon sauveur ! Ingrate ! Je devais à Roger peut-être deux ans d'amour. — Va, je te les rendrai, me disais-je dans mon fol enthousiasme, je te rendrai la vie que tu m'as conservée ; toi seul pourras savoir ce que ce cœur renferme d'amour et de tendresse ! — Et je brodais, dans mon ivresse, au tissu de notre avenir toutes les fleurs de mon printemps ; les obstacles qui m'effrayaient une heure auparavant s'aplanissaient comme par magie ; les orages que j'avais entendus gronder à l'horizon s'étaient changés en brises caressantes, le coin de ciel que mes terreurs avaient voilé de nuages s'éclaircissait rapidement aux chauds rayons de mon amour. O mon enfant ! il me faudrait toute l'ardeur de jeunesse que je n'ai plus, toute la poésie d'expression que je n'ai jamais eue, pour t'enlever dans les régions enchantées que je parcourais avec Roger, lorsque mon cher époux, que j'aperçus à travers le feuillage éclairci de l'allée, vint me faire descendre brusquement sur cette terre maudite.

La tempête s'était calmée dans son cœur, mais non pas dans le mien. — Chère amie, dit-il en tirant de son gousset une énorme montre, et en me montrant sur le cadran l'aiguille qui marquait onze heures, chère amie, ne viens-tu pas déjeuner ?

Le malheureux ! me rappeler aux vils besoins du corps, lorsque je m'abreuvais au céleste banquet de l'âme ! Je ne trouvai pas

5.

même la force de répondre, je détournai mes regards de cet homme de chair et d'os pour les reporter avec inquiétude sur la route, toujours déserte, par où j'espérais le Messie.

— Attends-tu quelqu'un, chère amie? demanda-t-il avec indifférence.

— Oui, répondis-je hardiment; j'attends M. Roger.

— Le petit Roger? dit mon mari d'un air étonné.

— M. Roger, repris-je avec dignité; je l'ai vu hier à la Chênette, et je l'attends. Vous le connaissez?

— Sans doute.

— J'ai lieu d'être surprise que vous, monsieur, qui semblez avoir à cœur d'attirer ici tous les sots et tous les impertinents de la ville, vous n'ayez pas songé, par compensation, à amener une fois ce jeune homme.

— A votre aise, chère amie, répondit mon mari avec beaucoup de calme. Les sots et les impertinents ont du moins leur spécialité ; mais ce petit Roger est un garçon si insignifiant, que je ne pense pas même qu'on puisse rire de sa personne.

En achevant ces mots, mon mari s'éloigna, et je restai foudroyée sur place. Je ne crois pas avoir éprouvé de ma vie une indignation plus amère, une humiliation plus profonde... O mon Roger ! vous traiter de la sorte ! vous, mon dieu ! vous, mon tout !... Ah ! je te vengerai, m'écriai-je ; va, mon amour te vengera de l'insulte et du mépris des sots ! J'étais blessée dans ma tendresse, dans mon orgueil, dans ma vanité ; toutes les fibres de mon cœur souffraient : j'aurais voulu pouvoir sacrifier le monde à Roger, et le désir de la vengeance me fit un instant caresser avec complaisance des idées qui, une minute auparavant, auraient couvert mon front de honte et de rougeur.

Puis, mon indignation apaisée, je fus saisie tout à coup d'un horrible sentiment de terreur. Mon sang se figea, je crus que mon cœur allait mourir dans ma poitrine; une sueur froide glaçait mon front, mes jambes se dérobaient sous moi.

—Ah ! mon Dieu ! m'écriai-je en m'appuyant contre un arbre, et cachant ma tête dans mes mains. Ah ! mon Dieu ! et s'il avait dit vrai ! Si je n'avais aimé qu'une ombre, un fantôme, et si mon rêve allait finir ! Seigneur ! être allée jusqu'aux portes du ciel, avoir entendu le chœur des anges, avoir entrevu les merveilles de la vraie vie, et se réveiller sur cette terre d'exil ! Oh ! ce serait affreux, et pourtant si je me réveillais ! si je ne trouvais, au réveil, qu'un enfant sans force et sans vertu ! si j'allais rougir de mon idole ! s'il me fallait briser ce que j'ai adoré ! Hélas ! hélas ! Cet amour est-il ailleurs que dans ma tête ? Est-il autre chose que l'exaltation de quelques heures, enfantée dans le silence d'une nuit étoilée, au milieu des champs endormis, par la poésie d'une situation romanesque, ou par la prédisposition de mon âme inquiète et troublée ?

Je restai longtemps abimée dans ces réflexions accablantes. J'étais absolument dans la position de l'homme qui, enivré par le son des instruments, par le parfum des fleurs et le mouvement de la danse, s'est soudainement épris d'un beau domino aux petits pieds, à la main blanche, à la taille élancée, et qui, après avoir deviné les beautés cachées sous le masque de satin noir, hésite et tremble, au moment où le masque, en tombant, va ruiner peut-être l'espoir d'une nuit tout entière. Je tremblais de voir arriver Roger. Je n'osais plus interroger le long ruban poudreux qui serpentait à travers les campagnes : le moindre bruit que m'apportait le vent me faisait tressaillir d'effroi.

J'aurais voulu que Roger ne vînt pas : je

demandais à Dieu (nous avons la manie de faire intervenir Dieu dans toutes nos petites affaires) qu'un obstacle imprévu retint ce jeune homme à la ville : je ne pouvais me résigner à en finir aussitôt avec le bonheur. Et puis, lorsque je venais à me rappeler les heures enivrantes que j'avais vécues près de Roger, à repasser dans mon esprit tout ce qu'il m'avait dit de lui, de ses tristesses en cette vie, de ses aspirations vers une vie meilleure, lorsque je venais à ranimer dans mon cœur l'image de ce bel enfant dont le regard était si pur, la voix si douce, la parole si tendre ; lorsque je me le représentais nonchalamment penché sur sa pesante monture, tel que je l'avais vu tout un soir, blanc comme la lune qui éclairait son visage, suave comme la brise qui se jouait dans ses cheveux, alors je riais de mes terreurs, j'insultais à mon effroi, je m'attachais à Roger avec un nouvel enthousiasme. Et puis mes craintes revenaient : il me semblait entendre autour de moi les éclats d'un rire moqueur, et, au milieu de ces rires sardoniques, se mêlait la prière des morts que j'avais récitée au pied du lit de ma fermière.

Ainsi, je passai près d'une heure à flotter entre le ciel et la terre, tour à tour me perdant dans les nues et me brisant contre les pavés, à la fois la plus heureuse et la plus infortunée des créatures, digne de l'envie et de la pitié de tous. Épuisée par tant d'émotions diverses, je m'étais jetée sur la mousse, au pied d'un tilleul, et je regardais d'un air stupide la route qui étincelait aux rayons du soleil, lorsque tout à coup je me levai en jetant un cri : j'avais vu un nuage de poussière s'élever à l'horizon, j'entendais le galop précipité d'un cheval. Je serrai mon cœur à deux mains comme si j'eusse craint qu'il ne brisât son enveloppe, et je courus sur le bord du fossé qui sépare le jardin de la route. Je reconnaissais bien le pas de mon cheval, c'était Roger, mon beau Roger, qui volait vers moi. L'alezan fila sous mes yeux comme un caillou lancé par une fronde ; mais la selle était vide, la bride trainait dans la poussière, et les étriers battaient contre les flancs du coursier.

Je tombai raide sur le gazon ; j'ignore

combien de siècles se sont écoulés depuis. Lorsque je me réveillai, j'étais dans mon lit, j'avais la fièvre, mon mari veillait à mon chevet, et le docteur comptait les pulsations de mon pouls. Aussitôt que je fus parvenue à rassembler quelques idées, je me dressai brusquement sur mon séant, et demandai Roger d'une voix déchirante.

Roger n'existait plus : mon cheval l'avait jeté sur un des tas de pierres qui bordaient le chemin ; le malheureux enfant avait expiré sur le coup.

Je reçus cette nouvelle avec un horrible sang-froid : je déclarai que ma santé n'exigeait ni les soins du docteur ni les veilles de mon mari : je voulus être seule. On m'obéit ; je restai seule, un mois entier. Lorsque je sortis, j'étais calme. Je défendis que le nom de Roger fût prononcé devant moi : tu es le seul, mon enfant, devant qui mes lèvres aient fait entendre ce nom sacré. J'ordonnai que mon alezan ne fût jamais monté de sa vie, et je le laissai errer en liberté dans mes prairies. Lorsque je passais triste et solitaire le long des haies, le noble animal élevait la tête au-dessus des buissons, et m'appelait en hennissant ; je ne lui répondais que par un regard de douloureux reproche et je suivais le sentier en pleurant.

Je refusai de retourner à la Chênotte. Je ne voulus jamais revoir les lieux que j'avais parcourus avec Roger : j'ai gardé dans toute leur virginité les impressions que m'a laissées cette nuit solennelle ; j'ai préservé la fleur de mes souvenirs des vents qui flétrissent ; je l'ai conservée dans tout l'éclat et dans toute la pureté de sa fraîcheur primitive. Souvent, on a tenté de m'entretenir de Roger : je ne l'ai jamais souffert. Que m'importait le Roger que l'on connaissait à la ville ? Qu'avait-il de commun avec mon Roger, à moi ? Celui que j'ai connu ne s'est jamais révélé au monde : il m'est apparu par une nuit d'automne, comme un ange descendu du ciel pour verser dans mon sein le feu dont j'étais altérée ; et ce feu ne s'est jamais éteint, je le sens qui brûle encore, même sous les glaces de l'âge.

Cet amour n'a point subi l'affreuse loi du désenchantement. Le monde n'en a jamais souillé le sanctuaire : la mort a coulé en bronze l'image de Roger dans mon cœur ; je l'ai toujours retrouvé là, pur, jeune et gracieux, comme au jour où je le vis à la Chênette ; les années qui m'ont vieillie n'ont pas mis une ride à son front. Quant à lui, pourquoi le plaindrais-je ? Il est mort comme il voulait mourir, dans la verdeur de ses premières illusions ; il s'est enseveli dans le luxe de son feuillage ; il n'a point, comme moi, assisté à sa ruine. Heureux enfant ! il n'a pas su tout ce que la vie renferme de dégoûts et d'amertume, tout ce que les affections humaines ont d'impuissant et d'incomplet ; il n'a essuyé ni les défections de l'amitié ni les trahisons de l'amour ; la mort l'a frappé dans la gloire de sa jeunesse, alors qu'il s'élançait joyeux vers des félicités qu'il croyait infinies. Ah! ne le plaignons pas ! Sans doute la terre lui fut légère : il ne l'avait point trempée de ses larmes.

Ce récit achevé, la grand'mère appuya son front sur le marbre de la cheminée et demeura silencieuse. Je respectai le recueillement où je la voyais plongée, et me mis, silencieux comme elle, à remuer les cendres du foyer : nous demeurâmes longtemps ainsi.

— La moralité de tout cela, grand'mère ? lui demandai-je enfin.

— Mourir à propos, me dit-elle.

OLIVIER

— Ainsi, dit Mario m'interrompant, vous ne croyez pas à la Providence? Selon vous, c'est la fatalité qui gouverne et régit le monde?

— Entendons-nous, lui dis-je; je crois à la Providence générale, à celle dont émane de toute éternité la loi qui règle toutes choses. Il faut être aveugle ou insensé pour la nier, celle-là : la nature entière la révèle et la proclame ; mais, je l'avoue, je ne crois pas qu'une Providence particulière se dérange à chaque instant pour nous. Dieu, qui veille à la conservation des espèces, se soucie fort peu des individus, et c'est, à mon sens, une sotte manie que de le faire intervenir à tout propos dans nos affaires.

— Prenez garde ! reprit Mario ; que penseriez-vous d'un roi qui, après avoir promulgué les lois de son royaume, vivrait, les bras croisés, au fond de son palais ? S'il étendait sa sollicitude jusqu'au moindre de ses sujets, vous en paraitrait-il moins grand ? Dans une nuit noire, sur un marbre noir, une fourmi noire, Dieu la voit et l'entend... Cela me semble plus conforme à la grandeur de l'Être suprême que les systèmes qui le représentent immobile et indifférent dans sa gloire.

— A ce compte, lui demandai-je en souriant, vous croyez au rôle actif de la Providence dans la destinée de chacun de nous ?

— Pourquoi pas ? répliqua Mario. Si vous reléguez la Divinité sur des hauteurs inaccessibles, si je ne puis la bénir dans ma joie ni l'implorer dans ma détresse, si, dans un cas désespéré, je ne dois rien attendre d'elle, pas même le brin d'herbe que la colombe jette à la fourmi qui se noie, que m'importe, à moi, votre Dieu ? Roseau pensant, j'ai besoin d'un appui ; il me faut un Dieu secourable. Je crois, comme vous, aux lois immuables de la création ; je ne pense pas que la Providence daigne changer pour nous l'économie du monde, se manifester à toute heure, ni qu'on doive sottement invoquer son intervention, comme font les portières à l'égard de leur chat ou de leur serin ; mais je dis qu'il y a des circonstances où l'on ne saurait, sans ingratitude, s'empêcher de la reconnaître et de la proclamer. Tout homme a dans sa vie une page au bas de laquelle le nom de Dieu se trouve écrit en signes éclatants. Tenez, ajouta-t-il en s'arrêtant au milieu de l'allée où nous marchions tous deux, au lieu de discuter, comme nous le faisons depuis deux heures, sur des questions où tout n'est que ténèbres et incertitude quand on n'y pénètre pas avec le flambeau de la foi, voulez-vous que je vous raconte une histoire ?

Nous nous assîmes au bord de l'allée, sur la mousse qui tapissait le pied d'un chêne, et Mario parla en ces termes, après s'être un instant recueilli :

I

Le comte Gaston de Valgrand est mon ami ; aussi vieille que nous, notre amitié n'a pas vieilli d'un jour. Nous sommes nés presque en même temps ; nous avons grandi côte à côte. Nos habitations sont voisines l'une de l'autre ; vous voyez d'ici les tourelles de son château et les ombrages de son parc. Si, comme je l'espère, vous passez quelques jours avec moi, vous le connaîtrez à coup sûr. Si vous l'eussiez connu voilà dix ans, vous sauriez que le bonheur peut se rencontrer ici-bas. Jeune et beau, il avait épousé mademoiselle de C..., qui était elle-même dans l'éclat de toute la beauté et de la jeunesse. Leur union donnait un démenti formel au moraliste qui prétend qu'il n'y a pas de mariage délicieux. Ils vivaient dans leur terre, faisaient du bien à leurs paysans, et ne paraissaient point se douter qu'il y eût sous le ciel d'autres joies que celles qu'ils goûtaient à l'ombre de leurs bois. On les eût dits créés l'un pour l'autre... C'est là une phrase parfaitement banale, mais qui rend bien la conformité de leurs goûts, l'harmonie de leurs sentiments.

On assure que le charme de l'intimité naît de l'opposition des caractères : je n'en crois rien, à moins pourtant que le charme de l'intimité ne consiste à se quereller du matin au soir. Quoiqu'ils fussent toujours du même avis sur toutes choses, ils étaient l'un pour l'autre un monde toujours charmant. Il y avait, cependant, un point assez grave sur lequel ils ne s'entendaient pas. Gaston était, en philosophie, de l'école des indifférents. Comme vous, il niait la Providence et se raillait volontiers des gens qui ont la faiblesse d'y croire. Il estimait que Dieu avait assez fait pour nous en créant l'ordre admirable qui se voit dans l'univers, et qu'en toute occasion l'homme ne doit compter que sur lui seul. Madame de Valgrand était aussi pieuse que belle. Une philosophie si contraire à ses croyances et à ses instincts devait l'affliger plus sérieusement qu'elle n'en convenait elle-même ; mais elle espérait en triompher à la longue ; et, d'ailleurs, les discussions métaphysiques ne tenaient pas une assez large place dans la vie du jeune ménage pour que la paix et le bonheur dont il jouissait en fussent troublés bien profondément. Rien ne manquait à leur félicité : dix-huit mois après leur mariage, un petit ange leur était né. Je ne vous dirai pas leur ivresse; il eût fallu les voir, penchés sur le berceau où l'enfant gazouillait déjà.

Un soir d'automne, j'étais assis, près de madame de Valgrand, sur le perron de leur château. A quelques pas de nous, sur la pelouse, Gaston jouait avec son fils. Le petit Olivier avait trois ans passés : c'était un bel enfant, épanoui comme une fleur, et qui promettait de ressembler trait pour trait à son père. Cette ressemblance, déjà frappante, exaltait à la fois chez la jeune comtesse l'amour de la mère et la tendresse de l'épouse. Souriante et recueillie, elle contemplait en silence le doux tableau qu'elle avait sous les yeux. Tout à coup la sérénité de son front se voila, et je vis une larme qui brillait au bout de ses cils.

— Vous pleurez ! m'écriai-je en lui prenant la main ; qu'avez-vous ?

— Je suis trop heureuse, dit-elle ; il y a des instants où mon bonheur m'accable et m'effraye. S'il est vrai, comme on nous l'assure, qu'il n'y a pas de félicité durable en ce monde, et que tout se paye ou s'expie, à quelles épreuves suis-je donc réservée?

J'essayai de la rassurer ; j'énumérai complaisamment tout ce qui devait ranimer sa confiance : son enfant bien portant, son mari presque aussi jeune qu'elle, sa fortune solidement assise.

— Que pouvez-vous redouter ? ajoutai-je; la foudre n'éclate pas dans un ciel sans nuage.

— Sans doute, je suis folle, répliqua-t-elle d'un air distrait; mais, que voulez-vous? c'est plus fort que moi, il y a des instants où j'ai peur.

Elle était ce soir-là, contre son habitude, inquiète, nerveuse, agitée. Elle se leva, courut à son fils, et le baisa coup sur coup, en disant d'une voix fiévreuse :

— Tu n'es pas malade? tu ne souffres pas?

L'enfant était vermeil et frais comme un bouquet cueilli dans la rosée de mai. Le temps menaçait; de vifs éclairs sillonnaient l'horizon. J'attribuai cet état de surexcitation à l'influence de l'atmosphère, et ne m'en alarmai pas autrement. Comme je rappelais à Gaston que nous avions pour le lendemain une partie de chasse où devaient se trouver plusieurs de nos amis communs, la jeune femme pâlit et le supplia de n'y point aller. Ce n'était pas la première fois qu'elle suppliait ainsi. De tout temps les armes à feu lui avaient inspiré une instinctive horreur; son mari ne partait jamais pour la chasse sans qu'elle sentît son cœur se serrer. Elle y mit cette fois une insistance toute particulière. Nature déliée, organisation délicate, elle frissonnait sous le pressentiment d'un épouvantable malheur. Après avoir commencé par rire de ses appréhensions, Gaston céda de bonne grâce, et, pour la rassurer tout à fait, promit généreusement qu'il ne chasserait plus désormais. Elle lui sauta au cou, le remercia avec effusion et fut joyeuse le reste de la soirée.

II

En effet, le lendemain, Gaston manquait au rendez-vous. La chasse fut heureuse et s'acheva sans accident. Il avait été convenu qu'au retour on dînerait chez moi. Au moment de nous mettre à table, nous vîmes paraître Valgrand qui venait dîner avec nous, en compagnie de son petit garçon qu'il tenait par la main. Il était encore dans l'enivrement de la paternité, et se plaisait à le mener partout avec lui. Olivier fut reçu avec tous les honneurs dus à son âge, à sa gentillesse et à sa beauté vraiment merveilleuse. A la grâce, à l'élégance des races aristocratiques, il joignait la force et la spontanéité des enfants sains et vigoureux qui poussent en pleine nature. Ce fut à qui le choierait et lui ferait fête ; on se disputa ses caresses et ses baisers. La jeune comtesse l'avait paré avec cette coquetterie qui n'appartient qu'aux mères. Je vois encore ses cheveux blonds, ses jambes nues, son cou de neige, et ses grands yeux, taillés dans le vif azur d'un ciel de printemps. On l'eût dit détaché d'une vignette anglaise, ou mieux encore, d'une toile d'Hamon. Il prit place au milieu de nous, et fut la gaieté du festin.

Le repas achevé, nous étions passés sur la terrasse, où nous nous amusions à tirer les martinets qui volaient dans l'air bleu du soir. Olivier, comme un petit bravo, battait des mains à chaque coup de feu, et se précipitait aussitôt pour ramasser l'oiseau, qui ne tombait jamais. Honteux de notre maladresse, Gaston, qui jusque-là s'était contenté de nous regarder, vint à moi, et me demanda mon fusil. Je lui rappelai, en riant, la promesse qu'il avait faite la veille à sa femme; il me répondit qu'on lui permettait la chasse aux moineaux.

— Papa va tirer! s'écria le petit, tout fier et tout joyeux; papa va tuer tous les oiseaux!

Il se fit un profond silence. Gaston, l'arme inclinée, un doigt sur la gâchette, observait le vol des hirondelles et guettait le moment propice. Dispersés çà et là, comme des tirailleurs au repos, nous attendions humblement la leçon qu'il s'apprêtait à nous donner. À quelques pas de lui, l'enfant se tenait debout, immobile, pâle d'émotion. Les martinets, effarouchés, avaient pris le parti de s'éloigner. Enfin il en vint un, qui, après avoir tracé de gracieux méandres, plana un instant au-dessus-de nos têtes. Gaston, qui le suivait des yeux, releva brusquement son arme : le coup partit, Olivier tomba.

Ce qui se passa là, dans l'épouvante de la première heure, je ne puis vous le dire. Ce fut une scène dont rien ne pourrait vous rendre l'horreur. L'enfant gisait sur le gazon, la poitrine trouée et sanglante. Il avait reçu toute la charge de plomb dans le cœur ; la foudre n'eût été ni plus prompte ni plus terrible. Les cheveux hérissés, les yeux secs et hagards, le front livide et chargé de sueur, Gaston se débattait, comme une bête fauve, au milieu de nos amis qui s'étaient jetés sur lui pour l'empêcher de se tuer. Ce n'était pas du désespoir, mais de la fureur, du délire. J'avais moi-même le vertige ; je courais çà et là comme un insensé ; je sentais la folie poindre dans mon cerveau. J'avais pris dans mes bras le corps inanimé du pauvre petit être qui paraissait dormir, la tête penchée sur mon sein ; je l'emportai dans ma chambre et le posai doucement sur mon lit, comme si j'avais eu peur de le réveiller. Quand je retournai vers Gaston, il venait de perdre connaissance et de s'affaisser sur lui-même. Nous profitâmes de son évanouissement pour l'arracher de ce lieu de désolation. On le plaça dans la voiture de M. de B..., qui l'emmena chez lui, à quelques lieues de là. J'avais confié à mes amis le soin de veiller sur l'infortuné ; une tâche plus rude m'était réservée. Étonnée de ne point voir revenir son fils, la mère pouvait arriver d'un instant à l'autre. J'appelai à mon aide toutes mes forces et toute ma raison ; je m'armai de courage et me rendis au château de Valgrand.

J'entrai par la grille du parc. Ce ne fut qu'au bout de l'avenue, en face de cette demeure recueillie, silencieuse, où tout respirait encore la paix et le bonheur, que je compris bien nettement pourquoi j'étais venu.

Je m'arrêtai ; mes jambes fléchissaient, je sentais mon cœur qui se mourait dans ma poitrine. La soirée était délicieuse. Un vent doux et frais agitait la cime des arbres. Madame de Valgrand se promenait, calme et sereine, sur le sable fin de l'allée qui courait devant le perron. En passant près d'une fenêtre, elle jeta un coup d'œil sur la pendule du salon, et, s'adressant à un de ses serviteurs :

— Germain, dit-elle, monsieur le comte s'oublie. Il se fait tard, allez chercher l'enfant ; je craindrais qu'il ne prit du mal.

Je souhaitai que la terre s'entr'ouvrit sous mes pieds ou que le ciel s'écroulât sur ma tête. J'eus la pensée de me sauver, de m'enfuir jusqu'au bout du monde. En se retournant, madame de Valgrand m'aperçut et fit vers moi quelques pas en souriant. Elle n'avait point remarqué le bouleversement de mes traits et croyait sans doute qu'Olivier et Gaston me suivaient de près. J'allai droit à elle et lui pris la main. Je me taisais. Elle me regarda, tressaillit et devint blanche comme un linceul.

— Mon mari?... mon enfant?... dit-elle.

— Madame, lui dis-je enfin, hier vous aviez raison : tout bonheur se paye ou s'expie. Vous étiez la plus heureuse des femmes... vous en êtes la plus misérable.

Elle répéta :

— Mon mari?... mon enfant?...

— Votre mari est vivant, lui dis-je.

— Mon enfant est mort !

Je ne répondis pas.

Elle jeta un cri, et, saisissant mon bras :

— Ce n'est pas vrai !... Vous me trompez, vous mentez... Ce n'est pas possible ! Il s'est blessé en jouant, voilà tout... mais il n'est pas mort... Vous mentez !...

Je pleurais en silence ; je n'y tins plus, j'éclatai en sanglots.

— C'est donc vrai ! c'est donc vrai ! s'écria-t-elle en se frappant le sein et le visage. Mon enfant est mort ! on m'a tué mon enfant !... Allons, ajouta-t-elle résolûment, menez-moi vers lui... Je veux le voir.

C'était là ce que je redoutais. J'essayai de la retenir ; mais elle m'entrainait avec une force surnaturelle.

— Je veux voir mon enfant... On ne

m'empêchera pas de voir mon enfant ! disait-elle d'une voix ardente, éperdue.

— Madame, lui dis-je avec autorité, votre place, à cette heure, est près de votre mari ; c'est près de lui que vous devez vous rendre d'abord Quand j'ai quitté Gaston, il était déjà bien malade. Si vous manquez de courage, il mourra. Il n'y a que vous au monde qui puissiez le sauver. Si vous voulez qu'il vive, hâtez-vous. Vous n'avez pas un instant à perdre.

Ainsi que je l'avais prévu, elle s'empara avec avidité de ce nouvel aliment offert à son désespoir.

—- Oui, dit-elle, vous avez raison... Mais, mon Dieu, que s'est-il donc passé ?

Et, sans s'inquiéter de savoir comment il

se faisait que Gaston ne fût pas auprès de son fils, elle continuait de m'entraîner vers la grille. Au bout de quelques pas, elle chancela ; je la portai dans ma voiture que j'avais laissée à la porte du parc. Il était plus de minuit quand nous arrivâmes au château de M. de B... Madame de Valgrand ne savait qu'une partie de la vérité ; elle croyait que son fils s'était tué en tombant du haut de la terrasse. Pendant le funèbre trajet, j'avais exalté son courage en lui parlant de son mari.

— Vous êtes pieuse, lui disais-je ; vous êtes plus forte que lui. Vous avez Dieu pour vous soutenir ; lui, le malheureux, n'a que vous.

J'avais la conviction que ces deux infortunés ne pouvaient être sauvés que l'un par l'autre ; j'espérais que leur désespoir s'amortirait dans une pitié réciproque, dans un mutuel attendrissement. Je me trompais. A peine arrivé, je me précipitai vers l'appartement dont les fenêtres brillaient dans l'obscurité de la nuit. Je voulais préparer Gaston à la présence de sa femme. J'ouvris la porte et j'entrai. Madame de Valgrand, que j'avais laissée dans la calèche, m'avait suivi à mon insu ; elle entra presque en même temps que moi. Gaston était assis sur un divan, l'œil morne, la bouche béante, dans l'attitude de l'hébétement ou de la folie. Il se dressa brusquement sur ses jambes, regarda sa femme, recula de deux pas, poussa un cri terrible et tomba roide sur le parquet. Quelques heures après, au lever du soleil, la voiture qui nous avait amenés rapportait au château de Valgrand Gaston, étendu sans vie près de moi, et le corps de l'enfant que la mère, à moitié folle, berçait sur ses genoux.

III

Est-ce assez d'horreur, mon ami? Et pourtant je n'ai pas tout dit. Gaston se réveilla, mais non pas sa raison. Lorsqu'il revint à lui, il était fou. Folie furieuse que la présence de sa femme exaspérait au lieu de l'apaiser; folie d'autant plus affreuse, qu'elle n'étouffait pas en lui la conscience de la réalité, et que la mémoire survivait au naufrage de l'intelligence! Il croyait qu'après avoir tué son enfant il avait été condamné à mort, qu'il s'était enfui au moment où on le traînait au supplice, et que sa femme ne le cherchait que pour livrer sa tête au bourreau. Assez calme lorsqu'il était seul avec moi, il jetait des cris effrayants aussitôt qu'il l'apercevait. Vainement elle venait à lui, éplorée et suppliante; vainement elle essayait de le rassurer par de douces paroles : saisi de terreur, il se cachait derrière les meubles, ou, s'échappant des bras qui s'efforçaient de le retenir, allait, pâle et tremblant, se blottir dans les combles du château, d'où j'avais bien de la peine pour le ramener dans sa chambre. J'avais cru d'abord à un délire passager; mais, loin de céder, la fièvre du cerveau redoublait. Il ne se laissait approcher que par moi; ma figure était la seule qui n'éveillât point sa défiance. Madame de Valgrand avait dû se résigner à ne plus paraître devant lui. La malheureuse avait tout perdu en un jour; elle avait, du même coup, perdu son mari et son fils. Supprimez le Dieu des affligés, ôtez à cette infortunée le Dieu qui relève et console, le Dieu bon qui compte nos larmes : je vous le demande, que lui restait-il?

J'ai vu là ce que peuvent la foi et la résignation chrétiennes. Dans les grandes crises de la vie, la philosophie n'est d'aucun secours ; la religion seule nous enseigne à souffrir. Qu'est-ce d'ailleurs que la force et le courage qui ne nous viennent pas du ciel? Une question de tempérament ; le chêne résiste, et l'arbuste est brisé. Madame de Valgrand se soumit et pria sur les ruines de son bonheur. Au plus fort de son désespoir, il ne lui échappa pas une insulte à la Providence ; elle garda toujours l'attitude d'une sainte, d'une martyre. Elle savait qu'Olivier ne s'était pas tué en tombant, comme je l'avais raconté. Elle avait tout compris, tout deviné. Elle enferma cet horrible secret dans son cœur, et jamais il n'en fut question entre nous ; seulement, au sentiment d'adorable pitié qu'elle éprouvait pour son mari, au redoublement de sa tendresse, à la façon tout angélique dont elle s'humiliait, pour ainsi dire, devant le malheur du pauvre insensé, je voyais bien qu'elle savait tout. Quand Gaston, broyé par la fatigue, succombait enfin au sommeil, elle se glissait dans sa chambre, s'agenouillait à son chevet, et, pendant qu'il dormait, elle lui parlait à voix basse. Elle répandait ainsi, dans le silence de la nuit, les trésors d'amour et de douleur dont son âme était pleine. Il lui semblait qu'en se réveillant, Gaston, rendu à la raison, allait l'attirer dans ses bras, s'attendrir, pleurer avec elle. Vain espoir! La folie le ressaisissait à son réveil, et l'infortunée, forcée de s'éloigner, disparaissait comme une ombre plaintive.

Il s'agissait de prendre un parti. J'avais appelé le docteur Fouré, de Nantes. Vous le connaissez ; vous n'ignorez pas que les plus aimables qualités de l'esprit et du cœur s'unissent, chez ce doux vieillard, à la science la plus éprouvée. Il ne s'entend pas seulement à guérir les maladies du corps ; il est aussi le médecin des âmes, et j'en sais plus d'une qui lui doit la santé. Madame de Valgrand avait en lui une confiance absolue ; à coup sûr il en était digne. Après quelques jours d'examen et de réflexions, il me prit à part et me dit :

— Je ne crois pas que le cerveau de ce malheureux jeune homme se relève jamais du coup qu'il a reçu. Il faudrait un miracle ; la science n'en fait pas. La folie qui s'appuie sur la raison est presque toujours incurable. C'est comme l'erreur qui découle d'une vérité ; la conclusion a beau être absurde, si les prémisses sont justes, elles la protégent et lui font comme un rempart inexpugnable. Cependant, nous devons tout tenter en vue d'une guérison, même impossible. M. de Valgrand ne peut pas rester ici. La présence de sa femme, la vue des lieux longtemps témoins de son bonheur entretiennent son exaltation, l'irritent et l'exaspèrent. Qu'il parte, qu'il s'éloigne. Dès qu'il se sentira à l'abri des poursuites qu'il croit avoir à redouter, son délire se calmera. Je réponds qu'une fois hors de France, sa folie, aujourd'hui furieuse, prendra un caractère tout pacifique, à la condition pourtant qu'on ne le contrarie pas. Pour le reste, laissons faire au temps, c'est le remède que nous conseillons, lorsque nous n'en avons pas d'autres.

Tel était l'avis du docteur : c'était aussi le mien. Je le soumis à madame de Valgrand, qui ne chercha pas à le combattre.

— Mais, dit-elle en pleurant, puisque c'est moi qu'il fuit, je ne puis pas partir avec lui... Qui donc l'accompagnera ?

— Moi, madame, lui répondis-je.

Le lendemain, par une nuit sans lune et sans étoiles, une chaise de poste attendait à la porte du parc. J'entrainai Gaston ; je l'avais sans peine décidé à me suivre. J'étais censé avoir pris toutes les mesures qu'indiquait la prudence pour assurer son évasion. La nuit était sombre ; ses serviteurs dormaient ; sa femme ne se doutait de rien. Nous sortimes à pas de loup. Arrivé à la grille, il se jeta dans la voiture. J'allais y monter à mon tour, quand je reconnus dans l'ombre madame de Valgrand. Elle saisit ma main, et, malgré moi, la porta à sa bouche Un instant après, les chevaux partaient au galop.

IV

Quel voyage, mon ami ! Tâchez de vous en faire une idée. Nous avions pris la route d'Italie. Ainsi que l'avait prédit le docteur, dès que nous eûmes passé la frontière, la folie de Gaston était devenue plus douce et plus traitable. Il n'y avait, à vrai dire, qu'un point de son cerveau qui fût attaqué ; tout le reste était net et sain. Il parlait sur toutes choses avec un bon sens ordinaire ; mais il suffisait de prononcer le nom de sa femme pour détraquer sa raison. Nous allions de ville en ville, moi, essayant de le distraire, lui, trainant partout la désolation de son âme ; car, si parfois sa démence semblait s'endormir, sa mémoire, plus implacable, ne lui laissait ni trêve ni répit. Ainsi, de quelque côté qu'il se tournât, le malheureux ne réussissait qu'à changer de tortures. Cependant, je tenais religieusement la promesse que j'avais faite, en partant, à la comtesse et au docteur. Je leur écrivais, je les mettais au courant de tout. De leur côté, ils me répondaient assidûment. Deux mois après notre départ, je reçus à Gênes une lettre de madame de Valgrand. Le croirez-vous ? cette lettre se terminait par un cri d'espérance. Ce fut pour moi ce qu'est, pour le naufragé près de sombrer, la voile inespérée qu'il voit blanchir à l'horizon. Le docteur avait ajouté quelques lignes, qui confirmaient l'heureuse nouvelle et m'enjoignaient de la cacher avec soin à Gaston. Quelques mois plus tard, je recevais à Florence deux lettres par le même courrier, l'une de la comtesse et l'autre du docteur. La première était un hymne de pieuse reconnaissance ; je la lus à genoux et je la mouillai de mes pleurs. La seconde renfermait mes instructions pour l'avenir.

— Rien n'est désespéré, tout peut se réparer, ajoutait le vieillard après m'avoir montré le but vers lequel nous allions marcher; seulement, n'oubliez pas que M. de Valgrand doit tout ignorer, et que le succès de la campagne dépend de votre discrétion.

Des mois, des années s'étaient écoulés sans apporter aucun changement dans l'état de notre pauvre ami. Nous avions parcouru presque toute l'Europe, nous avions visité l'Orient ; sa folie l'avait suivi partout. Jusqu'au pied du mont Olympe, jusque sur les bords de la mer Morte, partout il avait vu des agents secrets de sa femme. A peine avions-nous planté notre tente, qu'il fallait la lever aussitôt.

— Mais, lui demandais-je parfois, comment t'expliques-tu que ta femme, une créature si douce, si dévouée, veuille ta mort, et te poursuive avec un tel acharnement ?

— Comment je me l'explique ! s'écriait-il ; mais tu es donc fou, Mario ! Une mère pardonne-t-elle au meurtrier de son fils ? Est-ce que je ne suis pas le meurtrier de son enfant ?

Et c'étaient alors des colères et des emportements sans nom, des révoltes inouïes contre Dieu, d'incroyables blasphèmes contre la Providence, pendant qu'elle agissait pour lui.

Je mentirais, je me ferais meilleur que je ne suis, si je vous disais, mon ami, que je ne me sentis jamais défaillir sous le poids de la tâche que j'avais acceptée ; plus d'une fois je pensai en être écrasé. Le dévouement qui consistait à soigner les lépreux paraît doux et facile lorsqu'on a vécu dans l'intimité d'un fou. Il y avait des instants où je m'interrogeais avec anxiété, où je me demandais si je n'étais pas fou moi-même, ainsi que l'affirmait Gaston. Aujourd'hui même, je ne suis pas bien sûr que la folie ne soit pas à la longue une maladie contagieuse.

Les lettres qui m'arrivaient de la patrie soutenaient mes forces, relevaient mon courage. Celles du bon docteur respiraient la confiance. Quoique toujours voilées par la douleur, celles de la jeune comtesse étaient comme ces ciels d'orages où le soleil brille à travers les nuées : le sourire s'y mêlait aux larmes, et de naïfs enchantements éclataient çà et là sous la tristesse des regrets. Trois ans s'étaient écoulés depuis notre départ ; encore un an, et nous touchions à l'épreuve suprême ; encore un an et peut-être Gaston était sauvé !

Moins agitée que celles qui l'avaient précédée, cette dernière année ne devait pas être moins rude. Nous avions fini par nous installer dans un petit village d'Allemagne. Depuis quelque temps, Gaston était tombé dans un état de prostration moins gênant, mais plus alarmant que les fureurs de la démence. Il restait des jours, des semaines entières sans prononcer une parole. Si j'essayais de le tirer de la torpeur où je le voyais enseveli, il me regardait d'un œil éteint et me souriait d'un air hébété. A tout ce que je lui disais, il répondait invariablement : Olivier est mort, c'est moi qui l'ai tué ! Le nom de sa femme le faisait encore tressaillir ; mais, la folie n'agissant plus que sur des facultés épuisées, il retombait presque aussitôt dans sa morne immobilité. Indifférent à toutes choses, il ignorait et ne s'inquiétait pas de savoir où je l'avais conduit : tous les lieux lui étaient bons, pourvu qu'il ne fût pas en France. Justement effrayé, j'avais écrit au docteur pour le supplier d'abréger un si long martyre; le docteur impitoyable m'avait répondu : Attendez.

V

Enfin le grand jour était proche, il y avait quatre ans que nous avions quitté la France. Un soir, j'annonçai brusquement à Gaston que nous allions partir.

— Pourquoi partir? dit-il; nous sommes bien ici, restons-y.

— Il n'y a pas à hésiter, répliquai-je. Notre retraite est découverte encore une fois; j'ai vu rôder dans le village des hommes de mine suspecte. Il y va de ton salut.

Chose étrange! ce malheureux tenait à la

vie. Dieu laisse à la folie l'instinct de la conservation. Il se leva et me suivit.

— Où allons-nous ? demanda-t-il, quand nous fûmes dans la voiture.

— En Russie, répondis-je sans hésiter.

Il poussa un profond soupir, appuya sa tête contre les coussins, et s'abîma dans l'espèce de léthargie d'où je l'avais un instant arraché.

La chaise de poste qui nous emportait au galop des chevaux, roula, sans s'arrêter, pendant trois nuits et trois jours. J'avais placé des vivres dans le coffre, afin de n'avoir pas à descendre dans les auberges. Nous allions comme un ouragan. Tant que dura le trajet, Gaston ne m'adressa pas une question ; il ne jeta pas un regard sur les paysages que nous traversions. Une seule fois il ouvrit la bouche pour me dire, en grelottant :

— Il fait froid ici... nous arrivons.

Et il s'enveloppa dans son manteau.

Vers le milieu de la quatrième nuit, par un temps sombre, la voiture s'arrêta devant une habitation où l'on n'apercevait pas une seule lumière. J'invitai Gaston à descendre et le conduisis à tâtons. Comme j'ouvrais la porte d'une chambre obscure :

— Où sommes-nous ? me dit-il.

— Dans un village, près de Moscou.

Et comme il s'étonnait des ténèbres où toute la maison était plongée, je lui répondis qu'on nous avait peut-être suivis, et que je craignais d'éveiller les soupçons Satisfait de ma réponse, brisé par la fatigue, il se coucha sans lumière et s'endormit d'un profond sommeil.

VI

Il faisait jour depuis longtemps, lorsque Gaston se réveilla. Un gai soleil d'automne entrait à pleins rayons dans sa chambre. La brise, imprégnée de la senteur des bois, se glissait par la fenêtre entr'ouverte, et apportait jusqu'à lui des émanations embaumées qui le pénétraient à son insu, et dont il subissait, sans chercher à s'en rendre compte, la douce et mystérieuse influence. Ébloui par le vif éclat de la lumière, ses yeux s'étaient refermés presque aussitôt ; il

resta quelques instants plongé dans cet état
qui n'est ni la veille ni le sommeil, bercé
par les mille rumeurs qu'il entendait jadis à
son réveil. C'était le chant des pâtres, le rou-
coulement des ramiers, le fracas lointain
des écluses, le caquetage du moulin, et, plus
rapprochés, de joyeux cris d'enfant qui partaient, comme des fusées, dans l'air sonore
et frais du matin. Ces bruits, ces mélodies
agrestes le reportaient vaguement aux jours
heureux de sa jeunesse. Il murmura d'une
voix étouffée le nom de son fils et celui de
sa femme ; une larme gonfla sa paupière et
mouilla ses cils abaissés. Cependant les pensées orageuses, un moment assoupies, commençaient à gronder dans son sein. Il s'ac-
couda brusquement sur sa couche, et pro-

mena autour de lui un regard étonné. Il était chez lui, sous le toit de ses pères, sous ce toit qui avait si longtemps abrité son bonheur. Il reconnaissait un à un tous les objets qui l'entouraient, ses livres, ses tableaux, ses meubles, ses tentures, et tous les riens charmants qui donnent la vie aux lieux que nous habitons. Il passa sa main sur son front, comme un homme qui se demande s'il n'est pas le jouet d'une illusion ou la dupe d'un songe. En tournant la tête, il aperçut, debout au chevet, sa femme et le docteur qui l'observaient tous deux en souriant.

— Eh bien, mon cher comte, dit gaiement le vieillard, il me semble que nous n'allons pas mal ce matin. Nous voilà tiré d'affaire ; mais nous l'avons échappé belle. Nous pouvons nous vanter, comme Thésée, d'avoir vu les sombres bords.

— Ah ! s'écria madame de Valgrand, c'est vous, docteur, qui l'avez sauvé !

— Moi, madame !... Monsieur le comte s'est, pardieu ! bien sauvé lui-même. Il n'a pas voulu se laisser mourir comme un sot, et, quand je pense à toutes les bonnes raisons qu'il a d'aimer la vie, j'estime que monsieur le comte a bien fait.

— Cher Gaston ! s'écria madame de Valgrand avec l'accent d'une tendresse passionnée... Savez-vous, mon ami, que vous nous avez inquiétés ? Savez-vous que dans votre délire vous ne reconnaissiez plus votre femme ?... Tu me reconnais bien, n'est-ce pas, maintenant? Je ne te fais plus peur? C'est moi, moi qui t'aime, moi qui ressuscite avec toi!

— Voyons un peu ce que dit ce pouls, ajouta le docteur en prenant la main de Gaston.

— Eh bien, docteur? demanda la jeune comtesse.

— Eh bien, madame, ce pouls ne craint pas d'affirmer qu'avant huit jours monsieur le comte sera sur pied, et qu'en attendant il prendrait volontiers un bouillon offert par votre blanche main.

En ce moment, Germain entra. Il s'approcha du lit de son maître et s'informa de sa santé, absolument comme s'il l'eût vu la veille. Gaston regardait tour à tour sa femme et le docteur. Il croyait rêver. Tout à coup il tressaillit et se dressa sur son séant... Il avait entendu une voix enfantine qui gazouillait sous sa fenêtre. Madame de Valgrand alla vers la croisée, souleva le rideau, et prononça ces simples paroles :

— Olivier, viens donc dire bonjour à ton père.

La porte s'ouvrit, un beau petit garçon entra vivement dans la chambre. Il sauta sur le lit, jeta ses bras blancs autour du cou de Gaston, et lui dit :

— Bonjour, papa...

C'était lui, c'était Olivier. L'œil même d'une mère aurait pu s'y tromper. C'était Olivier, tel que nous l'avions vu le jour fatal où son père l'avait amené chez moi. C'étaient les mêmes yeux, bleus et limpides, la même bouche, fraîche et souriante, les mêmes cheveux, blonds et fins. Il avait, près du sourcil droit, le même signe brun, et, à la naissance du nez, sous la transparence de la peau, la même veine azurée, pareille à la moitié d'un anneau de lapis. Immobile, éperdu, sans voix, Gaston le dévorait des yeux et promenait sur lui des mains avides et tremblantes. Enfin, par un mouvement brusque, il déchira plutôt qu'il n'ouvrit la blouse de l'enfant, et, en voyant blanche et unie comme une feuille d'ivoire cette poitrine sur laquelle il cherchait vainement la trace du coup qu'il avait cru mortel, frappé de stupeur, trop faible pour des émotions si violentes, il tomba évanoui, avec le petit dans ses bras.

VII

Lorsqu'il reprit ses sens, madame de Valgrand et le docteur étaient assis à son chevet ; Olivier jouait sur le pied du lit.

— O mes amis, dit-il enfin, que s'est-il passé ? que se passe-t-il ?

— Ce qui s'est passé, mon cher comte ? répondit le vieux docteur. Vous avez été très-malade. Vous avez eu ce que nous autres, gens de la Faculté, nous appelons une méningite, ni plus ni moins, mon cher enfant. Ce qui se passe ? vous le voyez. Avec la santé vous avez retrouvé la raison, et avec la raison le bonheur. Ce n'était pas plus difficile que cela.

— Papa est guéri, papa n'est plus malade... je suis bien content, moi ! dit Olivier, qui feuilletait un livre d'images que Gaston se souvenait d'avoir un jour rapporté de Nantes à son fils.

— Une méningite !... murmura Gaston, comme se parlant à lui-même... Mais, docteur, j'ai donc été fou ? ajoutait-il en attachant sur le vieillard un regard inquiet.

— Dame ! mon cher comte, entre nous, vous n'aviez pas la tête en fort bon état. Vous avez, pendant six semaines, passablement battu la campagne ; sans quitter votre lit, vous avez fait beaucoup de chemin, en compagnie de votre ami Mario.

— Six semaines ! s'écria Gaston. Il me semble que des siècles se sont écoulés depuis le jour...

— Depuis le jour où vous êtes tombé malade, dit la jeune femme achevant la phrase qu'il avait commencée. Oh ! mon ami, ces six semaines ont été, pour nous aussi, des siècles d'angoisses et de douleurs.

— Six semaines ! répétait Gaston.

— Un mois et demi de fièvre et de délire... monsieur le comte ne se tient pas pour satisfait ! s'écria le docteur en riant.

— Mais comment tout cela est-il donc arrivé ? demanda Gaston avec une curiosité hésitante.

— Je vais vous le rappeler, mon ami, dit la jeune comtesse en travaillant à un ouvrage de tapisserie interrompu depuis quatre ans et commencé sous les yeux de Gaston. Vous étiez allé avec Olivier dîner chez notre cher voisin. Le temps était à l'orage depuis plusieurs jours ; votre tête souffrait déjà. Après le repas, qui, dit-on, avait été fort gai...

— Beaucoup trop gai, dit le docteur en manière de réflexion.

— Vous étiez passé sur la terrasse, et là, vos amis s'amusaient, amusement cruel, à tirer les oiseaux du bon Dieu. Mario assure que déjà vous aviez la figure en feu.

— Monsieur le comte, ajouta le docteur, avait bu, au dessert, trop de vin de Vouvray.

— Malgré la promesse que vous m'aviez faite la veille, vous prîtes un fusil... le fusil de Mario...

— Oui, oui, c'est bien cela ! s'écria Gaston qui sentait se réveiller en même temps et sa raison et sa folie.... J'avais pris le fusil de Mario... Olivier était à vingt pas de moi. Je relevai brusquement mon arme... Le coup partit...

— Et monsieur le comte tomba, dit tranquillement le docteur ; monsieur le comte tomba foudroyé. Voilà ce que c'est que de boire trop de vin de Vouvray au dessert...

— Et de désobéir à sa femme, ajouta madame de Valgrand ; mon ami, Dieu vous a puni.

— Et alors, que se passa-t-il ? demanda le jeune homme en essuyant la sueur qui perlait sur son front.

— Ce qui devait se passer, répondit le

vieillard. On vous rapporta chez vous sur un brancard. Vous jugez quelle agréable surprise pour cette bonne petite comtesse qui vous avait vu partir dispos et bien portant ! Deux heures après, j'étais assis, comme à présent, à votre chevet. Pour parler franc, je vous croyais perdu. Vous ne savez donc pas, mon jeune ami, ce que c'est que le vin de Vouvray ? C'est de la méningite en bouteille. Le lendemain vous aviez une fièvre ardente, et le plus joli délire qui ait jamais fait extravaguer la cervelle d'un galant homme. Comme vous y alliez, vertu Dieu ! Quelle imagination ! Quel galop effréné dans les champs de la fantaisie ! Vous souvient-il des beaux rêves dont vous nous avez régalés ?

— Oh ! des rêves affreux, docteur ! s'écria Gaston en cachant son visage entre ses mains.

— Oui, mon enfant, dit le docteur, oui, des rêves épouvantables... Mais regardez un peu ce gaillard-là, ajouta-t-il en montrant Olivier : a-t-il l'air d'avoir reçu une charge de plomb dans la poitrine ? Et cette bonne et charmante femme, vous fait-elle l'effet de vouloir vous livrer au bourreau ?

La figure de Gaston s'était éclairée comme par enchantement. Les fantômes, qui l'obsédaient depuis quatre ans, venaient de s'évanouir, emportant avec eux le spectre sanglant de la réalité. Il ouvrit ses bras à sa femme, à son fils, et, les réunissant tous deux dans une même étreinte, il les inonda de baisers.

J'arrivai sur ces entrefaites. Je venais d'abattre le buisson de barbe que j'avais laissé pousser pendant le voyage, et qui, la veille encore, me donnait l'aspect d'un bandit italien. Quelques coups de rasoir m'avaient rajeuni de quatre ans. J'étais vêtu comme le jour où Gaston avait dîné chez moi. Il eut, en me voyant, un moment de trouble et d'hésitation. Je n'eus pas l'air de m'en apercevoir ; je le félicitai de sa guérison, et plaisantai de mon mieux sur les voyages que nous avions faits ensemble, à si peu de frais.

— Décidément, ajoutai-je, je te croyais la tête plus forte. Quand tu viendras dîner chez moi, je jure bien que tu ne boiras que de l'eau.

Cela dit, j'embrassai Olivier, que j'avais caressé dans la matinée, et qui me traitait déjà comme une vieille connaissance.

— Tu connais ce monsieur? lui demanda Gaston.

— C'est le bon ami à papa, répondit sans hésiter le cher petit être, qui n'avait pas oublié sa leçon.

C'est ainsi qu'Olivier m'appelait autrefois. La mère, que la question adressée à l'enfant avait fait frissonner, retint à peine un mouvement de joie qui pouvait la trahir : elle courut à lui et le baisa.

— Allons, allons, dit le docteur, assez d'émotions dans un jour! monsieur le comte a besoin de repos. Faites-moi l'amitié de déguerpir et de laisser mon malade en paix.

A ces mots, il nous entraina.

— Sauvé ! il est sauvé !

Et nous nous embrassions en pleurant.

— Maman, demanda le petit, qui tirait madame de Valgrand par sa robe, ai-je dit comme il fallait dire ?

— Oui, cher trésor perdu et retrouvé, oui, cher ange envolé que m'a rendu le ciel ! s'écria la comtesse en l'enlevant entre ses bras.

VIII

Gaston était sauvé. Au bout d'un mois à peine, il avait repris les habitudes de sa vie heureuse. Tout le monde autour de lui, amis, serviteurs, connaissances, se prêtait pieusement à la ruse innocente qui venait de lui rendre la raison. Entretenir, prolonger son erreur, était notre étude constante, notre unique préoccupation. Olivier lui-même, grâce à la vigilance de sa mère, grâce aussi à je ne sais quel merveilleux instinct, semblait s'appliquer à reproduire tous les gestes, toutes les inflexions de voix, toutes les locutions familières qui pouvaient abuser la tendresse du convalescent. Quatre années de deuil et de veuvage avaient laissé des traces profondes sur le visage de madame de Valgrand ; mais Gaston était si changé lui-même, qu'il ne songeait guère à s'en étonner, et la pâleur de la jeune femme, ses traits flétris, ses yeux brûlés de larmes, s'expliquaient d'ailleurs par les nuits sans sommeil qu'elle avait dû passer au chevet de son mari.

Cependant, à mesure qu'il retrouvait les forces et la santé de la jeunesse, une sourde inquiétude grondait au fond de sa destinée. Déjà le vague sentiment de la réalité, qui nous poursuit au sein des rêves, commençait à se glisser sous l'illusion qui le berçait. En dépit de nos soins, de subites lueurs éclairaient l'abîme où s'étaient englouties quatre années d'épouvante et de désespoir : penché sur le bord, il y plongeait un regard effaré, et se demandait si c'étaient bien, en effet, la fièvre et le délire qui avaient enfanté tous les monstres qui l'habitaient.

Depuis quelques semaines, il manifestait le désir de venir me voir. Nous avions imaginé vingt prétextes pour l'en détourner. Un matin, il sortit seul et se dirigea vers mon petit manoir. Arrivé sur la terrasse, il s'arrêta à la place fatale et n'alla pas plus loin.

A partir de ce jour, son humeur, si facile naguère et si bienveillante, était devenue inégale et presque farouche. Il avait des heures de sombre mélancolie que rien ne parvenait à distraire, où la présence d'Olivier l'irritait. Il se surprenait quelquefois à l'observer d'un œil défiant. Parfois aussi il le contemplait avec bonheur ; mais, dans ce bonheur même, pour ceux qui en étaient témoins, il y avait un côté douloureux, presque aussi poignant que la folie. Nous redoutions sa clairvoyance, et son aveuglement nous navrait. Nous sentions bien que sa guérison ne serait complète que lorsqu'il aurait soutenu, sans faiblir, le sinistre éclat de la vérité ; mais quelle main oserait arracher le bandeau qu'il avait sur les yeux ?

Il avait fini par remarquer que sa femme sortait tous les soirs, quelquefois seule, plus souvent avec Olivier, sans jamais dire où elle allait.

Un soir, Gaston, à leur insu, s'avisa de les suivre. Après une heure de marche sur le flanc de la colline, il les perdit de vue au tournant du sentier. Parvenu lui-même au sommet du coteau, il les chercha vainement des yeux, et, décidé à les attendre, s'assit sur un mur à hauteur d'appui, tapissé de mousse et de lierre. Au bout de quelques instants, il s'aperçut que le mur dont il s'était fait un lit de repos servait de clôture au cimetière du village. Il passa dans l'enceinte, et, marchant à pas lents, se prit à regarder une à une les tombes rustiques, presque toutes enfouies sous les fleurs et la verdure. Il allait se retirer, lorsqu'il découvrit, à demi cachée par des buissons de chèvrefeuille et de rosiers, une plaque de marbre surmontée d'une croix, qu'en cet instant frappaient les derniers rayons du soleil. Il s'approcha et lut cette inscription :

OLIVIER DE VALGRAND,

MORT

LE 2 SEPTEMBRE 1840,

A L'AGE DE TROIS ANS ET TROIS MOIS.

—

PRIE POUR TON PÈRE, O MON CHER ENFANT !

IX

Gaston comprit tout.

Il tomba agenouillé et demeura longtemps le front dans la poussière.

Lorsqu'il releva la tête, madame de Valgrand et son fils se tenaient debout, devant lui, pareils à deux anges gardiens.

— Dieu nous l'a rendu, mon ami, dit la jeune femme en poussant Olivier dans les bras de son père.

— Dieu est bon, répondit Gaston.

Et il pressa l'enfant sur son cœur.

— Aujourd'hui, ajouta Mario en terminant ce simple récit, Gaston croit à la Providence.

HÉLÈNE VAILLANT

I

J'allai, voilà quelques années, visiter les rives de la Creuse. J'aime ce petit pays, non-seulement parce que j'y suis né, mais aussi parce qu'il est un des plus pittoresques et des plus charmants qui se puissent voir. Je l'aime surtout parce qu'il est ignoré et qu'il a su, jusqu'à ce jour, échapper à la curiosité des touristes et aux impressions de voyages. C'est peut-être, avec la Bretagne, le seul point de la France qui conserve encore aujourd'hui quelque chose de sa physionomie primitive. S'il n'a pas vu, comme la Bretagne, glisser à travers ses bois de chênes la grande ombre de Velléda, il n'a pas vu, comme elle, la tourbe des médiocrités s'abattre sur ses landes et ses bruyères. C'est à peine si, de loin en loin, quelque poëte de passage en a chanté les sites agrestes, les vallées ombreuses et la rivière aux belles eaux. Sa poésie est vierge, nul n'en a cueilli la fleur mystérieuse et sauvage. Cependant il faut se hâter d'en respirer le parfum. Au dernier voyage que je fis, ce n'était déjà plus la même grâce ni le même charme. Déjà les fabriques bruyantes commençaient à s'élever sur les rives dont le frais silence n'était troublé jadis que par le caquetage des moulins. Au lieu des chroniques et des légendes qu'on racontait autrefois, le soir, autour des feux clairs de l'automne, on se délectait en famille à la lecture du feuilleton quotidien. Avant peu de temps, ce pauvre pays aura, lui aussi, ses romanciers et ses trouvères. Hélas! n'a-t-il pas donné tout récemment une dixième muse à la France, lui qui n'avait produit jusqu'alors que du blé noir et du colza? Je veux conter comment il m'arriva de découvrir cette poétique merveille et d'assister aux débuts d'une histoire que d'autres ont dite avant moi, mais qu'il est bon peut-être de redire, car elle est féconde en enseignements salutaires. La voici dans toute sa simplicité.

Par une belle journée de septembre, je quittai la petite ville de... pour aller retrouver à Saint-Gabriel les rives de la Creuse. Saint-Gabriel est un pauvre hameau, à quelques lieues de... Je partis par la carriole qui fait tous les jours le double service du village à la ville, de la ville au village. J'étais seul dans la voiture ; le conducteur se tenait assis sur le siége. Nous allions au pas d'une abominable bête à laquelle son maitre allongeait par-ci par-là un coup de fouet nonchalant qui pouvait passer moins pour un reproche que pour une caresse.

La *Biche*, c'était son nom, ne se méprenait jamais sur le sens de cet avertissement ;

à chaque coup qu'elle recevait sur sa croupe osseuse ou le long de ses flancs creusés en abimes, le noble animal s'arrêtait court, tondait le gazon du sentier, et ne se remettait en marche qu'au gré de sa fantaisie. Ces lentes allures ne me déplaisaient pas ; le temps était beau, je m'enivrais à loisir du parfum de la terre natale. Il y avait près d'une heure que j'étais plongé dans cette espèce de rêverie qui tient le milieu entre la veille et le sommeil, lorsque j'en fus tiré violemment : la *Biche*, au plus bel endroit de la route, venait de nous verser dans un fossé. Je sautai à bas de la carriole, décidé à tancer vertement le conducteur ; sa confusion me désarma. Il se tenait devant moi, les yeux baissés, le front couvert de honte, silencieux, immobile, et roulant entre ses doigts les larges bords de son chapeau de feutre. C'était un jeune gars qui comptait vingt années à peine. Son air humble et doux me toucha.

— Heureusement, lui dis-je, nous en sommes quittes pour la peur; mais où donc aviez-vous la tête?

Il leva sur moi deux grands yeux remplis de larmes.

— Allons, ajoutai-je, ce n'est pas un bien grand désastre; il ne s'agit plus à cette heure que de tirer la carriole du fossé où l'a versée la *Biche*.

Quand la voiture fut d'aplomb sur ses deux roues :

— Tenez, monsieur, me dit le jeune gars

après quelques instants d'hésitation, obligez-moi de prendre mon fouet et ma place, et de continuer tout seul votre chemin. D'ici à Saint-Gabriel il n'y a pas à se tromper, la route est droite comme un peuplier; seulement, au premier carrefour, vous aurez soin de tourner à gauche : vous apercevrez le clocher du village, et la *Biche*, qui est au fond une bonne bête, s'arrêtera d'elle-même à la porte du meilleur cabaret de l'endroit; il n'y en a qu'un, c'est celui de mon maître. Si l'on vous demande ce qu'est devenu Sylvain...

Il s'interrompit et je vis deux grosses larmes rouler sur ses joues.

— Eh bien! lui dis-je, que répondrai-je?

10.

— Vous répondrez, monsieur, que pour en finir, Sylvain s'est allé jeter dans la rivière.

A ces mots, il fit mine de s'éloigner pour mettre ce beau projet à exécution. Je le retins et j'essayai de combattre une résolution si désespérée.

— Il est probable, lui dis-je, que ce n'est pas le seul parti qu'il vous reste à prendre.

— C'est le seul, monsieur; je n'en ai pas d'autre. Voilà trop longtemps que cela dure. Si j'ai attendu jusqu'à présent, c'est que je suis un poltron et un lâche. Hier, j'ai voulu me tirer un coup de pistolet dans la cervelle. J'ai eu peur. Je n'ai pas osé. Je suis bien malheureux, monsieur! je ne crois pas qu'il y ait sur terre une créature du bon Dieu plus à plaindre que moi.

Il s'était assis sur un tas de pierres, et le pauvre diable pleurait, la tête cachée entre ses mains.

Il avait l'air d'un honnête garçon. Je m'approchai de lui, et d'une voix affectueuse :

— Voyons, qu'y a-t-il ? Contez-moi vos chagrins, il n'est pas de maux sans remèdes.

— Il y a, monsieur, que, depuis huit jours, c'est la cinquième fois que je verse. Vous demandez où j'avais la tête : je n'en sais rien. Je ne fais plus que des bêtises. En apprenant que j'ai versé encore aujourd'hui, mon maitre me donnera congé, c'est aussi sûr qu'il y a un Dieu dans le ciel.

— Mais, lui dis-je, comment le saura-t-il, à moins que vous ne l'en instruisiez vous-même ?

— C'est-à-dire, monsieur, que vous ne me dénoncerez pas. Je vous en suis reconnaissant. Mais, voyez-vous, je recommencerai demain : j'aime mieux en finir tout de suite. D'ailleurs, ajouta-il en se levant d'un air résolu, j'ai assez de la vie et je veux me jeter dans la rivière.

Ce ne fut pas sans peine que je parvins à le calmer et à le faire remonter sur son siége où je me plaçai près de lui. Je l'amenai doucement à me conter la cause de son désespoir. Il ne demandait pas mieux que d'en parler.

— Monsieur, me dit-il, c'est toute une histoire. Orphelin, sans fortune, je fus recueilli par M. et madame Vaillant, qui m'élevèrent avec leurs deux filles, dont l'ainée avait à peu près mon âge. M. Vaillant tenait alors et tient encore aujourd'hui l'auberge du *Point-du-Jour*, à Saint-Gabriel. C'est un digne homme : il vaudrait mieux encore, s'il n'était un peu gâté par sa femme qui ne se croit pas faite pour tenir un cabaret de village : bonne femme d'ailleurs ; il ne m'appartient pas d'en parler mal. Je vous disais donc que ces braves gens m'élevèrent avec leurs deux filles : je fus un troisième enfant dans la maison. J'avais mon couvert à la table du maître : le dimanche, j'accompagnais la famille à la messe, et, à la façon dont j'étais vêtu, on aurait pu me prendre pour le frère de ces demoiselles. Nous étions toujours ensemble. Toutes deux m'aimaient et je les aimais toutes deux : nous grandîmes ainsi sous le même toit. Je n'oubliais pas que je devais tout aux bontés de cette famille ; j'essayais de me rendre utile et de gagner le pain que je mangeais. M. Vaillant s'étant avisé d'établir un service de voiture entre Saint-Gabriel et la ville, je lui demandai de m'employer à cette entreprise. Bien que je n'eusse encore que douze ans, mon maître y consentit, et je puis affirmer que, jusqu'à ces derniers temps, il n'eut pas lieu de s'en repentir. Croiriez-vous bien, monsieur, que je n'avais point mon pareil à vingt lieues à la ronde pour couper un ruisseau, descendre une côte, et tourner tous les mauvais pas d'une route ? Cela vous étonne ; c'est la vérité pourtant. J'étais renommé dans le pays pour mon savoir-faire en ce genre. On s'intéressait à moi, parce que je n'étais qu'un enfant. Mes voyageurs m'aimaient, et plus d'un payait double sa place. Tout est bien changé : je n'ai plus de cœur à rien. Mais alors il fallait me voir sur mon siége, le fouet à la main, fier comme un monarque sur son trône ! La *Biche* avait des ailes, et, de Saint-Gabriel à la ville, nous allions en deux heures, train de poste. Nous revenions plus vite encore ; c'est qu'au retour j'étais sûr de trouver mes deux sœurs qui m'attendaient, tantôt assises sur le revers d'un fossé, tantôt marchant à ma rencontre. Du plus loin que nous nous apercevions, nous agitions nos mouchoirs dans l'air. Quand la voiture était vide, je les y faisais monter toutes deux, et vous jugez de ma joie de pouvoir ainsi ramener en triomphe ces deux jolies filles !

Aux jours de grande fête, je les conduisais à la ville, et, avec mes petits bénéfices, je leur achetais des croix, des fichus et des chapelets. Je croyais les aimer toutes deux pareillement ; cependant, comme j'étais plus gai avec Marie, la cadette, et que bien souvent je me sentais mal à l'aise auprès d'Hélène, je me disais quelquefois que j'aimais moins Hélène que Marie. Eh bien ! voyez quelle chose étrange ! Un jour je découvris que c'était tout le contraire, et que j'aimais Hélène autrement et plus que sa sœur. Voici comment la chose arriva. Un soir, c'était comme à présent, un soir d'automne, je ne trouvai pas dans le sentier mes deux jeunes filles ; j'achevai ma route tristement, sans savoir pourquoi. Vous allez bien voir que j'avais raison d'être triste. Après avoir mis ma voiture sous le hangar et la *Biche* à l'écurie, j'entrai au logis, et je m'aperçus tout d'abord qu'il y avait du nouveau dans la maison. Toute la famille était rassemblée dans la chambre de madame Vaillant. Marie et sa mère tenaient le milieu du foyer ; à droite, M. le curé de Saint-Gabriel semblait réfléchir, les mains appuyées sur la pomme d'or de sa canne ; à gauche, Hélène pleurait en silence. M. Vaillant se promenait de long en large, d'un air agité. Lorsque j'ouvris la porte, je vis tout cela d'un coup d'œil, et j'entendis madame Vaillant qui disait : « Il le faut, il le faut, c'est Dieu qui le veut ! » J'allai droit à Hélène ; c'était la première fois que je la voyais pleurer ainsi. Je compris tout de suite qu'il s'agissait d'affaire grave ; je lui pris les mains, et je lui dis : « Pourquoi pleures-tu ? Qui t'a fait du mal ? Son nom seulement, et j'irai le tuer. » — A ces mots, Hélène éclata en sanglots. J'étais tout bouleversé, et c'est à partir de cet instant que je vis clair dans mon pauvre cœur. Je me tournai vers les assistants et je m'écriai : « Qu'y a-t-il ? pourquoi Hélène pleure-t-elle ? » — J'appris enfin ce qui s'était passé pendant ce jour maudit. D'abord, monsieur, il est bon de vous dire qu'Hélène a de tout temps été une fille extraordinaire. A dix ans c'était un puits de science. M. Zéphyrin, ami

de la maison, ancien maître de danse, retiré
à Saint-Gabriel, où il vit de ses rentes, lui
prêtait des livres de toutes sortes, de façon
qu'à dix ans, grâce à ses dispositions natu-
relles et à son goût pour la lecture, elle
savait plus de choses que bien des gens n'en
savent à soixante ans. Elle parlait d'histoire
comme un vrai professeur, connaissait Clovis
et Pharamond aussi parfaitement que je
connais M. le curé, et vous récitait des
fables, *le Loup et l'Agneau, Maître Cor-
beau sur un arbre perché*, et un tas d'autres
drôleries, que c'était plaisir de l'entendre.
Ajoutez à cela qu'elle était belle comme
l'aurore. Vous pensez bien, monsieur,
qu'une pareille enfant faisait l'orgueil de sa
famille. M. Vaillant s'en frottait les mains

et madame en crevait dans sa peau, comme cette grenouille dont sa fille me racontait parfois la malheureuse fin. Vous pensez bien aussi qu'il était question d'Hélène au pays; partout, aux alentours, on ne s'entretenait que de la merveille du *Point-du-Jour*. C'est ainsi qu'on l'appelait et qu'on l'appelle encore, à cause de notre enseigne. On accourait de toutes parts pour la voir, pour l'entendre et pour l'admirer. Tout cela m'était égal, à moi; seulement, comme on répétait sans cesse qu'elle avait tant d'esprit, je m'en effrayais, et je me disais qu'Hélène ne vivrait pas. J'avais raison, monsieur; elle est morte, morte pour le pauvre Sylvain!

Le brave garçon tira son mouchoir de sa poche, essuya ses yeux, et reprit en ces termes, après quelques instants de silence :

— Or, il y avait dans les environs une grande dame, une marquise, que le ciel lui pardonne ! qui, ayant entendu parler d'Hélène, eut fantaisie de la connaître. On lui mena la jeune fille, qui la laissa dans l'enchantement de son esprit et de sa personne. Jusqu'ici tout est bien ! Mais voici qu'un jour, ce jour fatal dont je vous parlais tout à l'heure, tandis que j'allongeais gaîment des coups de fouet à la *Biche*, sans me douter du malheur qui me menaçait, voici que la grande dame vint d'elle-même à Saint-Gabriel, fit arrêter sa calèche devant la porte du *Point-du-Jour*, mit pied à terre et entra sans façon dans l'auberge. M. Vaillant était en train de servir du vin de Saintonge à quatre rouliers attablés. En voyant apparaitre dans son établissement un chapeau avec des plumes, une robe de velours, des bijoux, des diamants, des perles fines, le bonhomme, qui n'était pas habitué à de semblables visites, crut que c'était la reine du Pérou qui venait boire à son cabaret. Il faillit tomber à la renverse. Hélène accourut et conduisit sa protectrice dans la chambre de sa mère. Madame la marquise expliqua ce qui l'amenait. Elle dit à madame Vaillant qu'elle avait un trésor de fille et qu'elle serait coupable devant Dieu de laisser enfoui dans l'obscurité de son village le riche présent qu'elle avait reçu du ciel. Elle débita là-dessus une foule de belles phrases qui me furent rapportées plus tard. Enfin elle offrit de se charger d'Hélène et de la placer d'abord à Guéret, dans un pensionnat de jeunes demoiselles. Cela dit, elle se retira, laissant, comme vous le pouvez croire, la famille Vaillant dans un grand émoi. On appela M. le curé en consultation : j'arrivai sur les entrefaites. Hélas ! monsieur, j'arrivai pour entendre mon arrêt de mort. Je voulus parler, on me fit taire ; Hélène pleurait et refusait de partir ; ses larmes furent inutiles. L'orgueil des parents l'emporta. Cependant M. le curé ne soufflait mot ; j'essayai de le ranger à mon opinion. Il garda longtemps le silence, et j'espérais en lui ; mais à son tour il déclara que c'était la volonté de Dieu. La volonté de Dieu fut faite ! Huit jours après, Hélène partit pour le chef-lieu du département. La veille de son départ, je la rencontrai dans le jardin. Nous étions seuls. Je m'approchai d'elle et lui dis d'une voix étouffée : — Vous partez, vous partez, mademoiselle! — A ces mots, Hélène fondit en larmes et j'en fis autant. — Ah! s'écria-t-elle, tu veux donc achever de m'abîmer le cœur! — Elle tomba dans mes bras. Je la portai sur un banc de pierre, et là, assis l'un près de l'autre, ses deux mains dans les miennes, nous jurâmes de nous aimer toujours. Elle ôta de son doigt une bague que lui avait donnée la marquise, et me força de la prendre comme un gage de sa tendresse. — Moi, lui dis-je, je n'ai rien à te donner, pas même ma vie, puisqu'elle t'appartient. — Le lendemain nous nous séparâmes; je ne devais plus la revoir; car ce n'est pas elle que j'ai revue; non, ce n'est point mon Hélène. Malheureux que je suis! De l'Hélène que j'ai connue, celle que vous allez voir n'a rien gardé que mon amour.

Après avoir essuyé de nouveau ses yeux :

— Son absence dura trois ans, reprit-il. J'employai ce temps à tâcher de me rendre digne d'elle. Je ne voulais pas qu'à son retour elle eût à rougir de mon ignorance. Le soir après avoir fait la litière à la *Biche*, j'allais chez M. Zéphyrin prendre des leçons d'écriture; puis je rentrais dans ma chambre, et, jusqu'à deux heures du matin, bien souvent jusqu'au lever du jour, je lisais les livres qu'Hélène avait laissés et dont je m'étais emparé. Je logeais tout cela pêle-mêle dans ma cervelle ; je ne sais pas comment je ne suis pas devenu fou. Je ne dormais plus, je ne mangeais plus ; tout mon argent passait en achat de livres. Un jour j'achetai d'un seul coup toute la boutique d'un colporteur ; il s'y trouvait cent cinquante Almanachs Liégeois et pas un de l'année courante. Tout ce que j'ai lu, monsieur, ne pourrait se dire ni s'imaginer. Si je ne suis pas un grand savant, c'est que je ne suis qu'un imbécile.

— Enfin, m'écriai-je, Hélène revint ?

— D'abord, elle écrivit. Comme j'allais tous les jours à la ville, c'est moi qui prenais les lettres à la poste et qui les rapportais à sa mère, car c'était toujours à sa mère qu'elle écrivait. Quelles lettres, monsieur !

Quand j'en rapportais une, là, posée sur mon cœur, j'étais léger comme un oiseau. Je chantais tout le long de la route, je m'arrêtais de temps en temps pour en baiser l'adresse et le cachet. Madame Vaillant les lisait à haute voix, et nous tous, rangés autour d'elle, nous pleurions d'admiration en l'écoutant. Croiriez-vous qu'une fois, pour la fête de sa mère, elle lui envoya une chanson en vers qu'elle avait composée elle-même et dont chaque couplet était entouré d'une guirlande de petites roses, dessinées de sa propre main ? Pour le coup, madame Vaillant et son mari faillirent en mourir de joie et d'orgueil. Des vers ! des guirlandes de roses ! tous les talents réunis. On fit venir sur-le-champ M. Zéphyrin qui se connait en belles choses : on lui communiqua la chanson d'Hélène. Il s'écria que c'était magnifique, promit de composer de la musique sur les paroles et parla d'envoyer le tout à Paris pour le faire imprimer avec le nom et le portrait de mademoiselle Hélène en tête. Madame Vaillant embrassa M. Zéphyrin. Moi, cependant, j'étais triste et chagrin. Je me retirai de bonne heure ; je me sauvai dans le jardin et m'assis sur le banc de pierre à cette même place où Hélène m'avait donné son anneau. Sans m'expliquer pourquoi, je me pris à pleurer. Je restai là une bonne partie de la nuit. Le lendemain, je me dis :

— Puisque Hélène fait des vers, je veux en faire aussi, et le jour même je me mis à l'œuvre. D'abord, je suai sang et eau pour trouver ce que M. Zéphyrin appelait des rimes ; à force de chercher, j'en trouvai, et finis par composer une chanson de cinquante couplets que je vais vous dire, monsieur, si vous voulez bien me le permettre, car je ne serais pas fâché d'avoir votre avis.

— Vous me conterez cela une autre fois, lui dis-je Enfin Hélène revint ?

— Un soir, je rapportai une lettre qui annonçait sa prochaine arrivée. Son éducation était achevée. A quelques jours de là, elle revint, ramenée par la marquise elle-même, qui voulait jouir de notre surprise à tous. Je m'en souviendrai toute ma vie. C'était un dimanche. En entrant dans le village, je reconnais à la porte du cabaret la calèche de la marquise. Je devine qu'Hélène est de retour. Je saute en bas de mon siége, je renverse tout ce qui gêne sur mon passage, je monte les marches quatre à quatre, j'ouvre la porte, je me précipite dans la chambre, et qu'est-ce que je vois ? Non, monsieur, il n'est pas de parole humaine pour exprimer ce qui se passa dans mon cœur. C'était elle, c'était Hélène ! Mais qu'elle était belle, grand Dieu ! Je m'arrêtai tout d'un coup, pâle, confus, tremblant, ébloui, anéanti. J'étais là, en blouse, en gros souliers ferrés, le fouet à la main, devant elle, qui me regardait, parée de charmants atours, plus blanche qu'un lis, plus éclatante qu'un soleil ! Je compris que je n'étais qu'un gueux, un va-nu-pieds. Je priai Dieu pour que le plancher s'effondrât sous moi.

— Eh bien, me dit-elle en souriant, que faites-vous donc là, Sylvain? est-ce que vous ne m'embrassez pas? — Elle me disait *vous*; si, au lieu d'un fouet, j'avais tenu à la main un couteau, je me le serais plongé dans la poitrine. Elle vint à moi et me tendit sa joue, veloutée comme une pêche, que j'osai à peine toucher du bout des lèvres. — Eh bien! mon pauvre Sylvain, ajouta-t-elle toujours en souriant, comment se porte la *Biche*? Je sentis que j'étais perdu. Je me tenais immobile, comme une borne, les bras ballants, cloué au parquet. J'essayai de parler, je ne pus. De grosses larmes roulaient sur mes joues; heureusement, personne n'y prit garde. Huit jours se passèrent, monsieur, huit jours, sans qu'il me fût possible d'entretenir mademoiselle Hélène. Un soir enfin, je la trouvai seule dans le jardin. J'étais décidé à lui parler de mon amour, à lui rappeler mes serments, mais auparavant je voulais lui prouver que j'étais moins indigne d'elle qu'elle ne le croyait peut-être. Je m'avisai donc de causer des lectures que j'avais faites durant mon absence, car je m'étais aperçu qu'elle se plaisait à ces sortes de conversations. Je lui parlai des *quatre Fils d'Aymon* et demandai ce qu'elle pensait du magicien Maugis. Elle me rit au nez; il parait que j'avais dit une bêtise. Je tentai de me rattraper sur *Cœlina* ou l'*Enfant du mystère*. — Il y a là-dedans, lui dis-je, un M. Trugelin bien infâme. — Elle rit plus fort. J'étais consterné, ahuri. Enfin je pen-

sai à un livre, le seul qui m'eût véritablement charmé. Je nommai *Paul et Virginie*; elle comprit bien qu'en rappelant les amours de ces deux enfants, je rappelais en même temps les nôtres. Cette fois elle ne rit pas, mais elle m'interrompit au beau milieu d'une phrase, pour me demander si la *Biche* avait toujours un bouquet de poils blancs à la queue. J'eus envie de l'étrangler. — Mademoiselle, lui dis-je enfin, voulez-vous écouter une chanson que j'ai composée pour vous, pendant votre absence? — Comment! s'écria-t-elle, vous composez des chansons, Sylvain! Voyons cela, ce doit être curieux.
— Je n'avais pas achevé le premier couplet qu'elle se prit à rire de plus belle, et je n'eus pas le courage d'en chanter plus long.

Après qu'elle eut bien ri : — A votre tour, Sylvain, me dit-elle, écoutez quelques vers de ma façon. — Et là-dessus, elle récita de si belles choses que je restai foudroyé sur place. Quand je revins à moi, Hélène avait disparu, j'étais seul et tout inondé de mes pleurs. Je me mis à courir dans le jardin. Je criais, je sanglotais, je me donnais des coups de poings dans l'estomac, je me roulais, comme un animal sauvage, sur le sable des allées. Mario vint à moi, me prit la main et voulut me consoler ; je la repoussai avec colère ; j'étais fou. A compter de cette soirée, monsieur, je n'ai pas eu un instant de raison parfaite. Ce que je souffre, vous ne pourriez pas le comprendre. Les damnés souffrent moins en enfer. Vainement je me dis que je ne dois plus aimer mademoiselle Hélène ; plus je me dis cela, plus je l'aime. Je passe presque toutes mes nuits à travers champs ; le jour, je laisse la *Biche* aller à sa fantaisie ; je verse aux plus beaux endroits de la route. Je vous le répète, monsieur, vous avez eu tort de m'empêcher de me jeter à l'eau ; c'est le seul parti raisonnable qu'il me reste à prendre.

Comme je me préparais à lui offrir les consolations vulgaires qui s'administrent en pareille occurrence :

— Vous n'êtes pas au bout, ajouta Sylvain. Madame la marquise est morte dernièrement. Vous jugez, monsieur, quel coup pour la famille Vaillant ! La marquise est morte sans avoir assuré l'avenir d'Hélène. Que va devenir cette jeune fille ? Il est clair que sa place n'est plus dans le cabaret de son père. Déjà on parle sourdement de l'envoyer à Paris : M. Zéphyrin soutient que c'est là que l'attendent la gloire et la fortune. Il paraît que mademoiselle Hélène n'est ni plus ni moins qu'une muse; M. Zéphyrin assure que c'est la dixième ; à ce compte, il y en avait neuf avant elle. Tous les soirs, on se réunit dans la chambre de madame Vaillant ; tandis que, Marie et moi, nous servons la pratique, au dessus de nos têtes Hélène lit des vers et l'assemblée se pâme en l'écoutant. Pour peu que vous séjourniez à Saint-Gabriel, il vous sera bien aisé, monsieur, d'assister à une de ces réunions : la curiosité y attire beaucoup de monde, et vous ne pourrez pas être plus agréable à M. Vaillant qu'en le priant de vous mettre à même d'entendre et d'admirer sa fille.

— Une muse! une muse! répétai-je à plusieurs reprises, plus étonné que ne le fut Robinson Crusoé en apercevant l'empreinte d'un pas humain sur le sable.

— Oui, monsieur, une muse! C'est ainsi que l'appelle M. Zéphyrin, ou bien encore Corinne ou Sapho : à vrai dire, j'aime autant Hélène.

— Une muse, répétai-je encore. Mais, mon garçon, êtes-vous bien sûr de ce que vous dites?

— Comment, monsieur, si j'en suis sûr ? s'écria Sylvain ; aussi sûr que du malheur de ma vie. Une muse, une vraie muse, la dixième enfin ! Elle a une lyre ; je ne l'ai jamais vue, mais elle en parle sans cesse. Elle a aussi un trépied. Où cache-t-elle tout cela ? Je n'en sais rien ; Mario ne le sait pas davantage. L'autre jour, je lui dis : — Mademoiselle Hélène, voulez-vous me montrer votre trépied et votre lyre ? Elle me tourna le dos en me disant que j'étais un âne.

Je ne pus m'empêcher de sourire.

— Tenez, monsieur, ajouta Sylvain, voici le clocher de notre village. Vous allez pouvoir vous assurer par vous-même de la vérité de mes paroles. Allons, hue, la *Biche*.

Et il allongea un bon coup de fouet à la bête qui, sentant l'écurie, se mit à hennir agréablement et nous mena, en moins d'un quart d'heure, à la porte du *Point-du-Jour*.

C'était un vaste bâtiment, ouvrant sur la rue, avec cour et jardin sur le derrière. L'enseigne était bien censée représenter l'aube naissante : étoile d'argent sur un fond de sable, avec un coq au-dessous, le bec ouvert, une patte en l'air, les ailes déployées. J'entrai de plain-pied dans une grande salle du rez-de-chaussée, spécialement réservée aux buveurs. Dans le fond, à la lueur d'une lampe qui éclairait seule ce taudis, une demi-douzaine de paysans jouaient aux cartes sur une table chargée de verres et de bouteilles. Des bottes d'oignons pendaient aux poutres noircies moins par le temps que par la fumée ; de méchantes gravures coloriées, représentant le

Juif errant, *l'Empereur Napoléon*, les *Quatre saisons*, les *Quatre éléments*, tapissaient les murs autrefois blanchis à la chaux. De grosses mouches volaient lourdement dans une atmosphère de tabac, bourdonnaient à mes oreilles et se heurtaient à mon visage. Il y avait bon feu dans la cheminée ; les soirées étaient déjà fraiches. Une demi-douzaine de chats et de chiens étaient fraternellement couchés devant le foyer. Je me demandais, en réchauffant mes pieds à la flamme, s'il était bien possible, comme l'avait assuré Sylvain, qu'une fleur poétique se fût évanouie dans ce bouge, et qu'il y eût au-dessus un cénacle présidé par une jeune et belle inspirée, de même qu'on voit, sur les toiles des vieux maîtres, les damnés se tordre au fond de l'infernal abime, tandis que les anges et les séraphins, flottant dans le céleste azur, chantent Dieu sur des harpes d'or.

Comme je me livrais à ces réflexions, je vis descendre par un escalier de bois qui montait de l'antre au sanctuaire une jeune et jolie fille, proprement vêtue, œil éveillé, bouche souriante, jupon court, pied bien chaussé et jambe fine.

C'était Marie.

Elle me donna un gentil bonjour et s'occupa de mettre mon couvert, tandis que Sylvain faisait préparer mon souper. De ses mains, ni trop grosses, ni trop rudes, ni trop rouges pour des mains de cabaret, elle étendit sur une table, le plus loin qu'elle put du groupe flamand, une nappe qui exhala tout d'abord une bonne odeur de linge blanc.

Elle était leste, remuante, avenante, gracieuse en tous ses mouvements ; j'avais plaisir à la regarder. Je lui dis que je me proposais de passer quelque temps à Saint-Gabriel ; elle me promit la plus belle chambre.

— Pour ne pas vous tromper, ajouta-t-elle, la plus belle est encore affreuse ; mais le pays est vraiment beau et vaut la peine d'être vu.

— J'y suis né comme vous, lui dis-je.

— A Saint-Gabriel ? demanda-t-elle d'un air étonné.

— Non, mais à quelques lieues de là. Si vous jetiez une fleur dans votre rivière, elle passerait le jour même sous mes fenêtres.

— Voilà qui serait commode pour deux amoureux, dit-elle en riant.

Nous étions en train de causer, lorsque la porte qui donnait sur la rue s'entr'ouvrit doucement ; un personnage, long et mince, s'élança par un jeté-battu au milieu de la salle, me salua les pieds en dehors, prit le menton de Marie qui lui appliqua un soufflet, et s'esquiva par l'escalier, comme un chat que poursuit un bouledogue irrité.

— C'est M. Zéphyrin, dit Marie

— Qu'est-ce que M. Zéphyrin ? demandai-je, pour faire jaser la jolie fille et pour voir briller ses dents blanches.

— C'est un sot, répondit-elle en haussant les épaules.

— Je jurerais qu'il n'est pas de votre avis, ajoutai-je.

— Malheureusement, il n'est pas le seul. On l'écoute ici comme un oracle. Si l'on m'en croyait, lorsqu'il entre par une porte, on le ferait sortir par l'autre, ou mieux encore par la fenêtre. Allez, monsieur, il se passe ici de belles choses !

Je l'interrogeai discrètement : mais le couvert une fois mis, la jolie enfant se retira, après m'avoir dit : Au revoir.

Au dessert, entre la poire et le fromage, je vis paraître une espèce de Cassandre qui ne pouvait être que M. Vaillant. C'était M. Vaillant, en effet, gros et gras, le teint fleuri.

Après avoir échangé avec lui quelques

phrases banales, prélude obligé de toute conversation qui s'engage, je le priai de s'asseoir et de m'aider à finir mon flacon. Lorsqu'il eut vidé son verre :

— Monsieur vient de Paris ? dit-il.

— Oui, monsieur.

— Paris, la patrie des arts ! Monsieur est commis-voyageur ?

— Non, monsieur.

— Artiste peut-être ?

— Pas davantage.

— Monsieur visite le pays en amateur ?

— Vous l'avez dit.

— Saint-Gabriel n'a rien de bien curieux.

— Vous calomniez votre maison.

— C'est un pauvre cabaret de village.

— Qui renferme un trésor qu'envie plus d'un palais.

— Quoi ! monsieur, vous sauriez !...

— Ce que tout le monde, monsieur, sait à vingt lieues à la ronde. Vous êtes un heureux père.

— Ah ! monsieur....

— Vous êtes le père d'une muse.

— C'est ce que dit M. Zéphyrin.

— Je n'ai pas voulu quitter le département sans saluer le toit sous lequel votre fille est née.

— C'est trop d'honneur que vous me faites.

— Toute la France y viendra comme moi en pèlerinage.

— Est-il possible ?

— Vous m'en pouvez croire.

Bref, j'amenai M. Vaillant à m'ouvrir lui-même la porte du sanctuaire où je désirais pénétrer.

— Précisément, dit-il, nous avons réuni ce soir quelques personnes pour entendre de nouvelles poésies d'Hélène.

— Je serais heureux d'assister à une pareille solennité.

— Nous avons M. Zéphyrin et le brigadier de gendarmerie.

— Je serais fier de m'asseoir entre ces messieurs.

M. Vaillant remonta pour consulter l'assemblée et mettre aux voix ma réception. Au bout de quelques minutes, il vint m'annoncer que j'étais admis à l'unanimité.

— Seulement, ajouta le bonhomme, notre jeune muse se recommande à votre indulgence.

Je me retirai dans ma chambre pour faire un peu de toilette. Sur le coup de huit heures, précédé de M. Vaillant, et suivi de Sylvain qui poussait des soupirs à fondre un cœur de roc, je montai lentement les marches du Parnasse.

II

A peine entré, voici ce qui frappa ma vue.

Une vaste chambre aux murs blancs et nus ; dans le fond, Marie assise sur un escabeau, la bouche demi-souriante, l'œil à tout, l'air un peu goguenard ; au milieu, une table couverte d'un mauvais châle en manière de tapis, chargée de plumes, de livres et de papiers, devant laquelle se tenait une jeune fille, Hélène à coup sûr, absorbée dans la recherche d'une rime ou d'un hémistiche; autour du foyer, madame Vaillant, costume demi-paysan, demi-bourgeois, moitié ville et moitié village; M. Zéphyrin, pantalon collant gris de perle, gilet jaune à larges revers, col de chemise montant jusqu'aux oreilles, cravate à la Colin, habit bleu, boutons de métal, breloques chatoyant sur le ventre; le brigadier de gendarmerie, grand uniforme; enfin deux autres personnages que j'appris être : l'un, l'instituteur de l'école primaire; l'autre, le médecin de la commune.

Lorsque j'entrai, tout le monde se leva.

J'allai d'abord à madame Vaillant, que je saluai avec tout le respect dû à la mère d'une muse; puis, après m'être incliné devant l'héroïne du lieu, je me glissai près de

M. Zéphyrin et pris place sur un siége vide qui m'attendait à côté de lui.

Sylvain s'était assis près de Marie, M. Vaillant près de son épouse.

Il se fit un silence de quelques minutes durant lequel je pus observer la muse, à la lueur de deux chandelles qui brûlaient sur la table.

Quoique vêtue avec une prétentieuse élégance, elle ne manquait ni de grâce ni d'un certain charme. Elle avait le front net et pur, le regard à la fois doux et fier ; sa bouche était rose et sérieuse : ses cheveux blonds, naturellement bouclés, tombaient à profusion sur son cou et sur ses épaules. Elle m'apparut comme un joli oiseau des tropiques enfermé dans une cage avec des oisons. J'en excepte pourtant Marie et mon pauvre Sylvain.

Ce fut M. Zéphyrin qui rompit le premier le silence.

Il appuya familièrement sa main sur mon épaule, et d'un air avantageux :

— Monsieur est amateur ? me dit-il.

— Amateur de quoi ? demandai-je.

— Cela s'entend que de reste, reprit-il avec un fin sourire ; amateur de beaux vers.

— En effet, monsieur, j'aime les beaux vers.

— En ce cas, monsieur ne pouvait mieux tomber... dit à côté de moi une voix rauque et caverneuse.

Je me retournai brusquement et me trouvai face à face avec la plus horrible figure de gendarme que j'eusse encore vue. A cet aspect, toujours effrayant alors même qu'on a la conscience pure et paisible, je cherchai machinalement dans ma poche pour m'assurer que j'étais en règle et que j'avais mon passeport.

— Monsieur est connaisseur? ajouta M. Zéphyrin.

— Cela va sans dire, s'écria M. Vaillant, puisque monsieur vient de Paris.

M. Zéphyrin et le brigadier échangèrent un regard narquois, tandis que, de leur côté, l'instituteur et le médecin s'entretenaient à voix basse en m'observant à la dérobée.

Madame Vaillant prit la parole :

— Hélène a reçu aujourd'hui, dit-elle, une lettre de.... (elle nomma un des plus grands poëtes de notre époque), en réponse à une pièce de vers qu'elle lui avait envoyée. Nos amis ne verront pas sans plaisir quel cas on fait d'Hélène dans la capitale.

Après avoir passé par toutes les mains, cette lettre arriva jusqu'à moi. C'était bien, en effet, une lettre de notre grand poëte. Il remerciait la jeune fille des vers *enchanteurs* qu'il venait de lire, et regrettait qu'un si beau talent se consumât dans les bas-fonds de la province. — Venez à Paris, disait-il en terminant; c'est là seulement que votre génie pourra déployer librement ses ailes. L'alouette cache son nid dans les sillons; l'aigle plane sur la montagne.

— C'est admirable ! s'écria M. Zéphyrin : l'alouette cache son nid dans les sillons, l'aigle plane sur la montagne! Je n'ai jamais dit autre chose.

— C'est une lettre en vers? dit le gendarme.

— En vers blancs, fit observer M. Zéphyrin.

— En vers blancs ! s'écria M. Vaillant; il y a donc des vers de couleur ?

— Messieurs, dit Hélène en s'approchant de nous, c'est une lettre en prose poétique.

— C'est ce que j'avais l'honneur de dire à ces messieurs, répliqua M. Zéphyrin; des vers blancs ou de la prose poétique, c'est absolument la même chose.

— Pas précisément, dit Hélène en souriant.

— Des vers blancs ! répétait M. Vaillant qui ne revenait pas de sa surprise.

J'étais impatient d'entendre chanter la muse.

— Hier, dit-elle, comme l'astre du jour s'éteignait derrière les bois, à demi dépouillés par l'automne, tandis qu'à l'horizon opposé la lune allumait silencieusement sa lampe d'albâtre, et que le ciel commençait d'entr'ouvrir ses riches écrins...

— C'est admirable, s'écria M. Zéphyrin ; tout cela pour dire qu'il était sept heures du soir !

— Est-ce des vers ? demanda le brigadier.

— Pas encore, répondit M. Zéphyrin ; elle accorde sa lyre.

A ce dernier mot, je vis Sylvain et Marie se lever sur la pointe des pieds, et allonger le cou pour tâcher d'apercevoir enfin cette lyre fantastique qui, depuis quelques semaines, faisait le désespoir de leur curiosité.

— J'allais triste et rêveuse, reprit la jeune fille, écoutant le bruit mélancolique des feuilles desséchées que je trainais sous mes pieds, et que chassaient devant moi les brises automnales. L'angelus tintait à l'église du village ; les ombres descendaient dans la vallée. Déjà le manteau de la nuit était tout saupoudré d'étoiles. J'allais rêveuse et triste, quand tout d'un coup mon âme résonna comme une harpe éolienne et mêla un hymne d'amour aux mystérieux concerts de la nature. J'en ai retenu quelques strophes, et je vais vous les dire.

— Écoutons l'hymne ! s'écrièrent à la fois tous les membres de l'assemblée.

La jeune fille se tenait debout, les mains appuyées sur le dos d'une chaise, l'air inspiré, les yeux au ciel. Après être restée quelques instants ainsi, elle récita, d'une voix lente et grave, une douzaine de strophes qui excitèrent un enthousiasme que je ne chercherai même pas à décrire.

C'étaient, à vrai dire, des vers assez proprement tournés, sans originalité, sans pensées, vides, sonores et ronflants comme une toupie d'Allemagne. Il y courait toutefois un petit souffle frais et poétique, et çà et là, à travers un fouillis d'ambitieuses métaphores apparaissaient quelques images gracieuses, violettes, fleurs des champs écloses dans un parterre de pivoines. C'étaient de ces vers comme il s'en fait à Paris par milliers. Dans un salon, nul n'y prendrait garde ; dans un cabaret de village, cela devient aussitôt merveilleux, et moi-même, un instant, je fus tenté de crier au prodige.

Lorsque Hélène eut achevé, madame Vaillant la prit dans ses bras et la couvrit de larmes et de baisers en s'écriant :

— Tu seras la gloire de ta famille !

M. Vaillant sanglotait d'admiration. Sylvain pleurait dans son coin. Mario avait plus que jamais son air éveillé et goguenard. Sur ces entrefaites, des voix de rouliers qui demandaient à boire, ayant retenti au-dessous de l'Hélicon, Sylvain et Marie se levèrent aussitôt, et j'entendis la jeune fille qui riait à gorge déployée en descendant les marches de l'escalier.

— Eh bien ! monsieur, qu'en dites-vous ? s'écria M. Zéphyrin en me frappant assez rudement sur l'épaule.

— Je dis, monsieur, que voilà de beaux vers à coup sûr.

— Je le crois, par Dieu bien ! s'écria le brigadier ; je voudrais voir qu'on s'avisât de dire le contraire.

— Ce n'est pas seulement beau, ajouta le maître d'école, j'ose croire qu'on peut affirmer sans crainte que c'est très-beau.

— Ayons le courage de l'avouer, s'écria le médecin, c'est excessivement beau !

Je souffrais de voir brûler un encens si grossier aux pieds de cette pauvre enfant, dont le visage rayonnait de satisfaction et d'orgueil. Je la suppliai de ne point s'en tenir là, et de nous dire encore quelques vers. Hélène ne se fit pas prier. Elle reprit sa position de belle inspirée, et débita, avec un imperturbable aplomb, une demi-douzaine d'élégies, faibles échos, pâles reflets, copies effacées des grands maîtres. A parler franc, c'était toujours la même chose : les étoiles, la lune, le soleil, les ombrages, les bocages, les clairs ruisseaux, le murmure du vent, les soupirs de l'onde, les barques glissant sur les lacs, la brise du matin et la brise du soir, le gazouillement des oiseaux sous la ramée, les joies du printemps, les mélancolies de l'automne ; il me semblait entendre le perroquet du chantre de Jocelyn.

Sur le coup de dix heures, la société se retira, et, comme j'étais un peu de la maison, je demeurai seul avec la famille. J'allai me placer près d'Hélène et m'amusai à la faire causer. Malgré le ridicule de ses prétentions, elle me parut une bonne fille, égarée par la vanité de ses parents et par la sottise de son entourage. Je la priai de me raconter comment le génie poétique s'était révélé en elle. Elle me dit qu'elle s'était sentie poëte en lisant les *Méditations* de M. de Lamartine.

— Comme La Fontaine, ajoutai-je, en entendant une ode de Malherbe.

En voyant que j'avais un peu de littérature, la famille me témoigna quelque confiance et quelque considération. On me montra plusieurs glorieux suffrages qu'avait reçus la jeune muse, entre autres une lettre du préfet de Guéret, qui déclarait tout net qu'Hélène serait un jour l'honneur de son département. Madame Vaillant me donna à entendre qu'elle-même n'était pas née pour tenir une auberge ; elle était fille d'huissier, son père avait eu des malheurs.

Elle en arriva bientôt à me confier ses projets et ses espérances. Elle était décidée à laisser là l'auberge de Saint-Gabriel pour conduire sa fille à Paris.

— Cela nous obligera à de grands sacrifices, dit-elle, mais du moins je n'aurai pas à me reprocher d'avoir mis la lumière sous le boisseau, ainsi que M. le préfet nous l'écrivait encore l'autre jour. D'ailleurs le beau talent d'Hélène rendra au centuple ce qu'on aura fait pour le produire. Ce n'est pas seulement la gloire qui l'attend à Paris, c'est aussi la fortune.

En parlant ainsi, cette pauvre femme me fendait le cœur.

— Nous vendrons notre pré, dit M. Vaillant, nos deux champs de blé noir et nos six arpents de colza.

— Je vous rendrai un château, mon père! s'écria la jeune fille en sautant sur les genoux du bonhomme. J'ai deux volumes de vers : *les Églantines et les Cris de l'âme.*

— C'est de l'or en barre, dit M. Vaillant, en la baisant au front.

— Que pensez-vous, monsieur, de nos projets ? me demanda la mère d'Hélène.

Je n'eus pas le courage de souffler sur les rêves de ces braves gens ; je répondis que j'avais l'intention de rester quelques jours à Saint-Gabriel, et que nous en reparlerions.

Je fus obligé, pour gagner ma chambre, de descendre l'escalier de bois et de passer par la salle des buveurs. J'y retrouvai Sylvain et Marie : l'un était assis sous le manteau de la cheminée, la tête entre ses mains, les pieds sur les chenets, dans une attitude affaissée ; l'autre s'occupait gaiment des soins du ménage. Elle allait, venait, mettait tout en ordre, avec la plus belle humeur du monde.

Aussitôt qu'elle m'aperçut :

— Qu'en pensez-vous ? s'écria-t-elle : convenez qu'ils sont tous fous, là-haut.

Et sans me laisser le temps de répondre :

— Moi, s'écria-t-elle, j'aime mieux la chanson de mon pays.

Et, d'une voix fraîche, elle chanta ce couplet, qui m'est resté dans la mémoire :

>L'oiseau qui, sur la branche,
>Le jour et la nuit chante,
>N'a pas si grande ardeur
>Que moi, la belle, dans le cœur.

Elle s'approcha de Sylvain qui n'avait pas changé d'attitude, et, après l'avoir contemplé quelques instants d'un air attendri :

— Que fais-tu là, grand imbécile? s'écria-t-elle en riant ; prends une chandelle et conduis monsieur à sa chambre.

Sylvain se leva, prit un flambeau et m'accompagna en silence.

Après avoir fermé ma fenêtre et tiré mes rideaux :

— Eh bien ! monsieur, dit-il d'un ton lugubre, n'aurais-je pas bien fait de me jeter dans la rivière ?

— Demandez à Marie, lui dis-je, vous verrez ce qu'elle répondra.

— Ah ! s'écria-t-il en se frappant le front, il n'y a qu'une femme au monde... Pour vous, monsieur, vous aurez à vous reprocher toute votre vie de m'avoir empêché de me jeter à l'eau. Heureusement la Creuse n'est pas loin, ajouta-t-il d'un air sombre.

— N'oubliez pas, lui dis-je, que Marie est plus près encore.

Je dormis peu ou point; les rats firent, toute la nuit, un sabbat infernal. Vers le matin, comme je commençais à m'assoupir, je fus réveillé en sursaut par Sylvain qui attelait la *Biche*. Le jour se levait, j'en fis autant et m'allai promener dans le jardin, où je ne tardai pas à voir arriver Hélène. Elle était simplement vêtue, partant plus jolie que la veille. La muse vint à moi sans façon et me salua d'un ton familier, avec un petit air protecteur qui me fit sourire et ne me déplut point. Elle était vraiment gentille, surtout lorsqu'elle oubliait ses neuf sœurs.

Le jardin avait une porte qui donnait en pleine campagne. Sans y songer et tout en causant, j'ouvris cette porte et nous gagnâmes, à travers champs, les rives de la Creuse, très-pittoresques en cet endroit du pays. Hélène marchait son bras appuyé sur le mien ; nous étions de vieux amis. Elle me parlait de Paris, patrie de ses rêves ; déjà la gloire lui tressait des couronnes.

— Quoi ! m'écriai-je, vous voulez quitter ce pays qui vous a vue naître ?

— Mes chants l'immortaliseront, me dit-elle ; je veux qu'un jour la Creuse n'ait rien à envier aux bords de l'Anio, aux rochers de Vaucluse.

— Vous voulez échanger, contre le bruit, la lutte et la tourmente, le doux silence et le frais repos des campagnes ?

— Je veux obéir à ma destinée. Notre grand poëte l'a dit : l'alouette cache son nid dans les blés ; à l'aigle, d'autres horizons.

A ces mots, la vérité s'échappa de mon sein. Par un brusque mouvement de pitié, je saisis les deux mains d'Hélène :

— On vous trompe, mademoiselle, on vous égare, on vous perdra, si vous n'y prenez garde !

Elle me regardait avec étonnement.

— Qui donc me trompe? qui m'égare? qui veut me perdre? demanda-t-elle en souriant.

— Écoutez, mademoiselle, lui dis-je avec calme, après l'avoir fait asseoir près de moi : c'est une histoire que je veux vous conter, une histoire vraie, une histoire toute récente. Je serai bref. Voilà vingt ans au plus, une jeune fille vivait avec sa mère sous le ciel de

Bretagne ; gracieuse comme vous, comme vous elle était poëte. Un jour, attirée par les séductions de la gloire, sollicitée par les poëtes en renom qui lui écrivaient comme ils vous écrivent, elle quitta sa ville natale, comme vous voulez quitter le village où vous êtes née, pour aller cueillir, à Paris, les palmes qu'on lui promettait. Savez-vous ce qu'elle y trouva ? La misère. Elle est morte sur un grabat.

— Vous me contez des histoires de l'autre monde, dit Hélène d'un ton boudeur, nous n'en sommes plus à Gilbert.

— Hier, un grand poëte, car c'était un grand poëte, celui-là, est mort à l'hôpital ; de tous ceux qui s'indignent de son trépas, courtisans effrontés du cercueil qui les accuse, il n'en est pas un qui se soit préoccupé de sa vie, pas un qui ait tendu la main à sa pauvreté, pas un qui l'ait assisté à son heure suprême.

— Vous voulez rire, me dit-elle.

— Bien au contraire, m'écriai-je, j'ai plutôt envie de pleurer.

Je partis de là pour l'entretenir de la vie littéraire qu'elle voulait follement aborder. Je lui en indiquai les récifs et les écueils. J'essayai de lui démontrer qu'elle s'abusait en toutes choses ; je fus dur, impitoyable.

— Oui, vous vous abusez, lui disais-je. Parce qu'on a quelque facilité dans l'esprit, quelque grâce dans l'imagination, quelque sentiment élevé des harmonies de la nature, il ne s'ensuit pas nécessairement qu'on soit poëte et marqué par le doigt de Dieu. Combien j'en ai vu partir la tête haute, qui sont retournés au gîte le front baissé ! On part et on arrive ; les branches qui de loin nous offraient leurs fruits et leurs fleurs, se relèvent brusquement ; les sentiers qui nous avaient paru sablés et mollement inclinés sont escarpés et glissants ; les mains amies qui nous invitaient se retirent ; l'avenir nous trahit, la gloire nous échappe ; heureux notre génie, s'il ne crie pas la misère et la faim !

Je ne m'en tins pas aux poétiques images ; je lui montrai à nu la destinée qui l'attendait loin de son village. Je cherchai à l'apitoyer sur les sacrifices qu'allait s'imposer sa famille. Je lui fis entendre sans ménagement le langage austère de la probité. Je dis enfin tout ce qu'il est possible de dire à une pauvre fille, prête à s'aventurer sur cette mer orageuse qui a déjà englouti tant de pâles victimes. Mais, à tout ce que je disais, elle ne répondait que ces mots : — Vous voulez rire. — Ou bien : — Qu'en savez-vous ? — et toujours elle m'opposait la lettre du grand poëte, qu'elle avait reçue la veille.

— Mais, ma chère enfant, m'écriai-je, vous ignorez donc que nos grands poëtes écrivent de pareilles sornettes à tous les petits poëtes de hasard qui leur adressent de méchants vers ! Cette lettre, votre joie, votre orgueil, court depuis longtemps la province.

— Peut-être en avez-vous une édition dans votre poche ? dit Hélène d'un ton railleur.

— *Chi lo sa ?* répondis-je en souriant.

Hélène se leva ; nous reprimes le sentier du hameau. Chemin faisant, je tentai une fois encore d'ébranler sa résolution ; je me crus un instant près d'y réussir.

— Non ! s'écria-t-elle tout d'un coup, comme se parlant à elle-même.

Puis, s'adressant à moi :

— D'ailleurs, que voulez-vous que je devienne ? Pensez-vous que ma vie doive s'écouler dans le cabaret de mon père ?

— A Dieu ne plaise ! répliquai-je ; je crois avoir entendu dire à votre mère qu'on vous offrait une place de sous-maîtresse dans le pensionnat où vous avez été élevée : ce pourrait être pour vous un avenir.

Hélène haussa les épaules, et tout fut dit.

Le lendemain, au soleil levant, après avoir dit adieu à Sylvain et lui avoir conseillé de se guérir de son amour, j'enfourchai un cheval de louage et quittai Saint-Gabriel pour remonter la Creuse jusqu'à sa source. Au bout de six semaines, je repassai par le village, je descendis *au Point-du-Jour*, où j'appris qu'Hélène et sa mère étaient parties pour Paris quelques jours auparavant. On n'avait pas encore de leurs nouvelles. Je trouvai le bonhomme Vaillant un peu chagrin du départ de sa femme et de sa fille, mais plein d'espoir dans l'avenir glorieux de la muse. Marie me sembla moins rieuse que d'habitude ; c'est qu'elle ne partageait pas l'aveuglement de son vieux père.

— Ce n'est plus drôle, monsieur, me dit-elle en essuyant ses yeux avec le coin de son tablier. Les voilà parties ; Dieu sait ce qu'elles vont devenir. Deux pauvres femmes toutes seules là-bas, dans cette grande ville ! Je sais bien qu'Hélène a sa lyre, mais j'aimerais mieux lui voir un bon mari. Mon père a vendu son pré, ses champs de blé, ses arpents de colza. J'ai bien peur que toute la fortune n'y passe ; nous serons mangés aux vers.

A ces derniers mots, elle partit d'un grand éclat de rire, et je me pris à rire avec elle.

— C'est égal, monsieur, ajouta-t-elle en

riant et pleurant à la fois comme une journée d'avril, tout cela est bien triste. Il faut voir ce pauvre Sylvain ! Il a perdu le boire et le manger, et ne se nourrit plus que de ses larmes ; aussi est-il jaune comme une jonquille et maigre comme un hareng saur.

— Sylvain, lui dis-je, est un sot; voilà longtemps qu'à sa place je serais consolé.

Elle comprit, rougit et s'esquiva.

Le soir ramena Sylvain au logis. Il faisait peine à voir. Le pauvre diable n'avait que les os et la peau. Il venait de verser trois voyageurs, dont l'un se plaignait de fortes contusions à la tête et menaçait de le rouer de coups. En apprenant ce nouveau désastre M. Vaillant s'emporta et voulut jeter Sylvain à la porte. Nous intercédâmes, Marie et moi, pour le coupable. Quant à lui, il ne paraissait se soucier de rien. Marie lui servit son souper; il n'y toucha que du bout des dents. Le même soir, il vint me trouver dans ma chambre et me demanda conseil. Il pensait sérieusement à partir pour Paris, et à s'y faire, en vue d'Hélène, une position dans les lettres.

— Vous êtes un nigaud, lui dis-je. Le seul conseil que j'aie à vous donner, c'est de ne plus verser de voyageurs, d'engraisser un peu et de vous mettre à même d'épouser, dans six mois, une jeune et jolie fille qui vous aime.

— Elle m'aime, monsieur! En êtes-vous bien sûr?

— Aussi sûr que de mon existence.

— Elle vous l'a dit?

— Si elle me l'avait dit, j'en serais moins sûr et n'en répondrais pas.

— Elle m'aime!

— Vous m'en pouvez croire.

— Et dans six mois elle viendra pour m'épouser?

— De qui parlez-vous?

— D'elle.

— De qui?

— D'Hélène.

— Que le diable vous emporte! m'écriai-je avec humeur; soufflez ma chandelle et laissez-moi dormir.

De retour à Paris, j'entendis parler, sur la fin de l'hiver, d'une poétique merveille que s'arrachaient tous les salons. Il s'agissait de la muse de Saint-Gabriel. Un jour, à la quatrième page d'un journal, je vis annoncés, comme devant paraître très-prochainement, *les Églantines* et *les Cris de l'Ame*, deux recueils de poésie, par mademoiselle Hélène Vaillant.

A quelque temps de là, on touchait aux premières journées de mai, comme je flânais sur le boulevard, par un de ces doux soleils qui font, pour ainsi dire, pousser et fleurir les jolies femmes sur le pavé de Paris, je rencontrai Hélène suspendue au bras de sa mère. Quoique vêtue avec une certaine élégance, madame Vaillant sentait encore un peu l'étude de feu son père et l'auberge de son mari; quant à la fille, elle était fraîche et riante comme le printemps. Une capote de satin blanc encadrait son joli visage, et de son pied léger, coquettement chaussé d'un brodequin de coutil gris, elle trottait sur l'asphalte comme une bergeronnette sur le sable fin de la Creuse. Elle répondit à mon salut par un gracieux sourire et un geste amical. Nous échangeâmes à peine quelques paroles, mais elle m'invita à l'aller voir et me laissa son adresse.

Je ne lui fis pas longtemps attendre le petit triomphe que ma visite promettait à son amour-propre. J'allai la voir le lendemain.

Hélène habitait avec sa mère un joli appartement de la rue Blanche. Elle me reçut dans une espèce de boudoir qu'elle appelait son cabinet de travail, véritable sanctuaire qui n'avait rien de commun avec celui du

Point-du-jour. Hélène était seule; en sa qualité de muse, elle jouissait d'une liberté que n'ont pas généralement les jeunes filles élevées en simples mortelles. Il en est de la poésie comme du mariage; elle émancipe les mineures. Elle avait une prétentieuse robe de chambre qu'une torsade de soie serrait autour de sa taille; ses petits pieds dansaient dans des babouches turques, présent, me dit-elle, d'un grand poëte qui les avait rapportées d'Orient. Elle me fit asseoir auprès d'elle et se prit, tout en causant, à rouler une pincée de blond maryland dans un mince papier d'Espagne. Ce n'était pas une mauvaise fille. Elle parla tout d'abord et sans embarras du cabaret où je l'avais rencontrée pour la première fois, de son père, de sa sœur et du pauvre Sylvain ; elle me rappela en riant l'étrange soirée à laquelle j'avais assisté, M. Zéphyrin, le brigadier de gendarmerie, le maître d'école et le médecin du village. Il ne fut pas question de notre entretien sur le bord de la Creuse ; mais elle se donna la satisfaction de m'accabler de ses succès, de sa gloire et de ses félicités littéraires. Tout lui souriait, tout lui faisait fête ; sa vie n'était qu'un enchantement. Sur la rive gauche et sur la rive droite de la Seine, les salons les plus en renom se disputaient la nouvelle muse. La veille, elle avait dit des vers chez madame de... ; le lendemain, elle devait en dire chez M. de... Elle en échangeait fréquemment avec les plus illustres poëtes de l'époque. Les directours de journaux grattaient tous les matins à sa porte. Madame Pauline Duchambge, tendre cœur, charmant esprit, était à ses genoux pour obtenir les paroles d'une romance. Elle me montra un porte-crayon d'or que lui avait envoyé la reine Amélie. *Les Églantines et les Cris de l'Ame* allaient paraître; elle avait donné trois mille francs à son éditeur; mais elle comptait bien sur le produit de la vente pour couvrir ses frais et s'enrichir par-dessus le marché. Elle alluma sa cigarette à la flamme d'une bougie, et, se penchant sur un coussin :

— Mon sort vous semble digne d'envie, dit-elle. Eh bien! le monde m'ennuie, la gloire m'importune. Il est au fond de l'âme humaine un vide que rien ne saurait combler. Je n'ai plus qu'une ambition, acheter un petit château dans les environs de Paris et m'y retirer avec ma famille. J'espère bien ne pas mourir sans avoir réalisé ce rêve.

Je la félicitai de mon mieux, et me retirai le cœur plein de tristesse.

Je restai deux ans sans la revoir. *Les Églantines et les Cris de l'Ame* parurent; il s'en vendit sept exemplaires. Avant leur publication, on s'en était occupé dans un certain monde ; une fois publiés, il n'en fut plus question. Depuis longtemps déjà je n'entendais plus parler d'Hélène. Un soir d'automne, je la rencontrai seule dans une allée du Luxemboug. Elle était pâle, amaigrie, vêtue de noir. Elle parut embarrassée en me voyant. Je l'interrogeai avec intérêt ;

elle m'apprit que son père était mort, et que sous peu de mois Marie devait épouser Sylvain.

— Par quel hasard, lui demandai-je, vous êtes-vous aventurée seule, à cette heure, si loin de votre quartier?

Elle me répondit qu'elle avait quitté la rue Blanche pour venir habiter la rue d'Enfer. Je l'accompagnai jusqu'à sa porte. Elle m'offrit de monter, j'acceptai étourdiment.

— Je crains, me dit-elle, que vous ne trouviez un appartement bien en désordre. Ma mère est un peu souffrante.

— Je serai heureux, répliquai-je, de lui présenter mes hommages.

Elle n'insista plus, et je la suivis, sans songer que j'allais, cette fois, l'humilier dans son amour-propre, autant que je l'avais flattée, il y avait de cela deux ans. Je ne sentis ma sottise qu'en entrant dans un appartement triste et froid, que n'égayait jamais le soleil. Ce n'était pas encore la pauvreté, ce n'était déjà plus l'aisance. Madame Vaillant me sembla singulièrement vieillie et affaissée. J'observai Hélène : qu'il y avait loin de cette figure chargée d'ennuis, à celle que j'avais vue, deux ans auparavant, rayonnant de bonheur, d'orgueil et de jeunesse !

— Vous voyez, me dit-elle, nous avons quitté le Paris bruyant, ce quartier nous plaît davantage ; silencieux, solitaire, plus propice aux saintes études, c'est la patrie des poëtes rêveurs. Nous avons, sous nos fenêtres, les ombrages du Luxembourg ; cela nous rappelle un peu nos chères campagnes. Au printemps, le vent nous apportera le parfum des lilas en fleurs.

Elle essaya de faire ce qu'on est convenu d'appeler contre mauvaise fortune bon cœur ; elle y réussit mal. A son insu, un peu d'amertume se mêlait à toutes ses paroles. Elle ne se plaignait pas, mais je crus entrevoir qu'elle avait éprouvé des mécomptes de tout genre. Elle me cacha l'histoire de ses désenchantements ; mais j'aurais pu la raconter moi-même. Elle avait, durant six semaines, défrayé la curiosité des salons ; on l'avait prise comme un jouet ; on l'avait jetée là comme un chapeau fané. La muse seule lui était demeurée fidèle.

Hélène avait refusé de s'abaisser jusqu'à la prose ; elle achevait un poëme épique. Toutefois, elle avait singulièrement rabattu de ses ambitions ; elle ne demandait plus qu'une jolie petite maison tapie, comme un nid, sous les saules, sur le bord de quelque ruisseau.

— Pauvre enfant, pensais-je, tu seras bien heureuse un jour de pouvoir te retirer dans le cabaret de tes pères !

Je retournai souvent la voir. J'avais boudé son éphémère royauté ; je me fis le flatteur assidu de sa déchéance. Hélas ! je vis ces deux pauvres femmes glisser peu à peu et tomber dans le gouffre de la misère. Il ne restait plus rien du pré, des champs de sarrasin et des six arpents de colza. Tout était dévoré : pourtant il fallait vivre. Grâce aux sollicitations du grand poëte qui l'avait attirée à Paris, comme la lumière attire les phalènes pour leur brûler les ailes, Hélène avait obtenu du gouvernement une pension de cinq cents livres ; c'était là le plus clair et le plus net de son avoir. Elle se consolait en songeant à Chatterton ; mais son estomac s'accommodait moins volontiers que son amour-propre de cette fiche de consolation. Son poëme épique achevé, il ne se trouva personne qui en voulût. Pour ne rien dissimuler, c'était ennuyeux comme un poëme épique. Une heure vint où la faim cria plus fort et plus haut que l'orgueil. Hélène en arriva à écrire des compliments en vers pour les fêtes de familles, des charades, des logogriphes, des devises pour les confiseurs. L'orgueil la soutenait encore ; m'étant avisé de lui conseiller le retour à Saint-Gabriel, elle répondit qu'elle aimerait mieux mourir.

— Y songez-vous ? lui dis-je ; votre mère est déjà bien souffrante.

Ses yeux se remplirent de larmes : elle ne répondit pas.

Un jour, madame Vaillant me prit à part, et me dit :

— Je vois bien qu'on nous a trompées, nous avons fait une folie ; on ne sait pas ce que je souffre. Que devenir ? Le plus sage serait de retourner à Saint-Gabriel. Sylvain et Marie nous recevraient à bras ouverts ; mais Hélène n'y consentira jamais. Elle est fière ; elle ne voudra pas s'exposer à rougir vis-à-vis de Sylvain, de sa sœur et de tous nos amis.

Je revins à la charge auprès d'Hélène, mais sans plus de succès que devant.

— Vous vous exagérez, me dit-elle, le malheur de notre position. Sans doute ce n'est pas ce que j'avais rêvé ; mais nous sommes moins à plaindre que vous ne l'imaginez peut-être. D'ailleurs la lutte est féconde et ne déplait pas au génie. Ce n'est point dans la tiède atmosphère de la prospérité que s'accomplissent les grandes œuvres.

La malheureuse enfant en était encore là. Je me retirai consterné.

Cependant Sylvain avait épousé Marie.

Ces jeunes gens ne se doutaient guère de ce qui se passait à Paris. A l'insu d'Hélène et de madame Vaillant, je pris le parti d'écrire à Sylvain toute la vérité. Le brave garçon ne répondit pas ; il arriva, les poches pleines de bons écus sonnants. Qu'on juge de son désespoir en voyant par lui-même toute l'étendue du désastre ! Il embrassa la mère et la fille, et versa ses écus sur la table. Puis, s'adressant à Hélène :

— Tenez, dit-il, je vous ai rapporté cet anneau que vous avez oublié dans votre chambre, le jour de votre départ.

Et il lui remit la bague qu'Hélène lui avait donnée un soir, dans le jardin, sur le banc de pierre, en promettant de l'aimer toujours. Hélène la prit et se détourna pour cacher ses larmes. Ce n'était pas l'amour de Sylvain qu'elle pleurait, mais ses rêves, ses espérances ; peut-être aussi un autre amour, dont j'avais surpris le douloureux secret dans son cœur.

— Ce n'est pas tout, dit Sylvain ; Marie m'a bien recommandé de lui ramener sa mère et sa sœur ; je ne partirai pas sans vous. Vos chambres vous attendent à Saint-Gabriel. Allons, mademoiselle Hélène, il faut revenir au pays. L'air de nos campagnes vous fera du bien. J'ai planté, le long du mur du jardin, des rosiers qui ont fleuri tout exprès pour embaumer votre retour.

Hélène secoua la tête. Sa mère et moi, nous joignîmes nos instances à celles de Sylvain ; la cruelle enfant fut inflexible.

— Pars, dit-elle à sa mère ; retourne près de Marie, tu seras plus heureuse avec elle. Moi, je reste, je dois rester ; il faut que ma destinée s'accomplisse.

— Si tu restes, je reste ; mais, mon enfant qu'allons-nous devenir ?

Ni ses larmes, ni mes prières, ni le désespoir de Sylvain ne purent décider Hélène à quitter Paris. Quel lien la retenait ? La muse ? l'amour de la gloire ? quelque autre amour brisé qui voulait mourir, comme le lierre, aux lieux où il s'était attaché ? C'est ce que nul n'a pu savoir. Sylvain retourna seul au village.

Près de partir, il me demanda la permission de m'embrasser, ce que je lui accordai de grand cœur.

— Et la *Biche* ? lui demandai-je.

— Morte de vieillesse.

— Et Marie ?

— Elle a promis de me donner un petit Sylvain.

A quoi bon prolonger cette triste histoire? Un jour, je trouvai Hélène agenouillée au pied du lit de sa mère. Madame Vaillant était morte ; avant d'expirer, elle avait fait jurer à Hélène qu'elle retournerait au hameau.

En effet, Hélène partit au bout de quelques mois, l'âme et le corps brisés. Arrivée à Saint-Gabriel, elle aperçut de loin, sur le pas de la porte du *Point-du-Jour*, Marie qui allaitait son enfant, tandis que Sylvain, debout auprès d'elle, la regardait avec amour. Elle s'arrêta quelques instants à contempler le tableau de ce bonheur doux et paisible.

Avez-vous lu sans attendrissement un passage de *Don Quichotte*, celui où le héros de la Manche revient au gîte après sa première excursion? Il rentre roué de coups et s'arrête au milieu de la cour à regarder mélancoliquement ses plates-bandes de fleurs et de légumes, ses canards qui barbotent dans la mare, sa nièce et sa gouvernante qui ravaudent leurs bas sur le seuil de la porte. D'un côté la poésie qui est allée courir les champs et qui rentre éclopée, n'en pouvant plus et tirant de l'aile; de l'autre, la prose qui est restée au logis, les pieds dans la flanelle, et qui n'a point enrhumé son bonheur.

TABLE

	Pages
LE JOUR SANS LENDEMAIN.	1
OLIVIER.	95
HÉLÈNE VAILLANT.	167

Tours. — Ernest Mazereau, imprimeur breveté.

www.ingramcontent.com/pod-product-compliance
Lightning Source LLC
Chambersburg PA
CBHW050327170426
43200CB00009BA/1496